ÉCOLE MONGE

2e DIVISION — 2e ANNÉE

COURS

DE

GÉOGRAPHIE HISTORIQUE

ASIE — AFRIQUE — AMÉRIQUE
OCÉANIE

E. LAURAIN, PROFESSEUR

PARIS
IMPRIMERIE SERINGE FRÈRES
PLACE DU CAIRE, 2

—

1877

DIVISION DU COURS

1re PARTIE. — **TEMPS ANCIENS**

TITRE Ier. — Période antérieure au XXe siècle.

TITRE II. — Période du XXe siècle à 962 avant Jésus-Christ.

CHAP. Ier. — Événements en Orient.

CHAP. II. — Événements en Occident.

CHAP III. — Ancien Continent en 962.

TITRE III. — Période de 962 à 759.

TITRE IV. — Période de 759 à 504.

CHAP. Ier. — Asie orientale et méridionale.

CHAP. II. — Libye.

CHAP. III. — Asie occidentale.

CHAP. IV. — Ancien Continent en 504.

TITRE V. — Période de 504 à 323.

CHAP. Ier. — Libye.

CHAP. II. — Asie orientale et Hindoustan.

CHAP. III. — Empire macédonien.

CHAP. IV. — Ancien Continent en 323.

TITRE VI. — Période de 323 à 27.

CHAP. Ier. — Afrique septentrionale.

CHAP. II. — Asie occidentale.

CHAP. III. — Asie méridionale et orientale.

CHAP. IV. — Ancien Continent en 27.

TITRE VII. — Période de 27 avant Jésus-Christ à 395 après Jésus-Christ.

CHAP. Ier. — Empire romain.

CHAP. II. — Asie occidentale.

CHAP. III. — Asie (nord, sud, est).
CHAP. IV. — Ancien Continent en 395.

2e PARTIE. — MOYEN AGE

(De 395 à 1453)

TITRE Ier. — Période de 395 à 476.
TITRE II. — Période de 476 à 561.
TITRE III. — Période de 561 à 752.
CHAP. Ier. — Empire des Arabes.
CHAP. II. — Empire des Thang et du Thoufan.
CHAP. III. — Ancien Continent en 752.
TITRE IV. — Période de 752 à 843.
TITRE V. — Période 843 à 987.
CHAP. Ier. — Empire des Arabes.
CHAP. II. — Empires des Thang et du Thoufan.
CHAP. III. — Ancien Continent en 987.
TITRE VI. — Période de 987 à 1095.
TITRE VII. — Période de 1095 à 1270.
CHAP. Ier. — De 1095 à 1208. — Les quatre premières Croisades.
CHAP. II. — De 1208 à 1870. — Les quatre dernières Croisades.
CHAP. III. — Ancien Continent en 1270.
TITRE VIII.— Période de 1270 à 1328.
TITRE IX. — Période de 1328 à 1453.
CHAP. Ier. — Afrique.
CHAP. II. — Asie orientale.
CHAP. III. — Asie occidentale et centrale.
CHAP. IV. — Ancien Continent en 1453.

3e Partie — TEMPS MODERNES

(De 1453 à 1789)

TITRE Ier. — Période de 1453 à 1520.

Chap. Ier. — Ancien Continent.

Chap. II. — Découvertes des Portugais.

Chap. III. — Nouveau Continent.

Chap. IV. — Le Monde en 1520.

TITRE II. — Période de 1520 à 1610.

Chap. Ier — Empire ottoman.

Chap. II. — Empire du Grand-Mogol.

Chap. III. — Système colonial.

Chap. IV. — Le Monde en 1610.

TITRE III. — Période de 1610 à 1661.

Chap. Ier. — Ancien Continent.

Chap. II. — Colonies européennes.

Chap. III. — Le Monde en 1661.

TITRE IV. — Période de 1661 à 1721.

Chap. Ier. — Colonies européennes.

Chap. II. — Ancien Continent.

Chap. III. — Le Monde en 1721.

TITRE V. — Période de 1721 à 1789.

Chap. Ier. — Ancien Continent jusqu'à 1743.

Chap. II. — L'Asie de 1743 à 1789.

Chap. III. — Possessions européennes.

Chap. IV. — Le Monde en 1789.

4e PARTIE

ÉPOQUE CONTEMPORAINE

(De 1789 à nos jours)

TITRE Ier. — Période de 1789 à 1815.

CHAP. Ier. — États indépendants de l'Europe.

CHAP. II. — Possessions européennes.

CHAP. III. — Le Monde en 1815.

TITRE II. — Période de 1815 à 1876.

CHAP. Ier. — États indépendants (Asie, Afrique, Amérique).

CHAP. II. — Empires coloniaux.

CHAP. III. Colonies du nouveau Continent.

CHAP. IV. —Voyages et Découvertes.

PREMIÈRE PARTIE

TEMPS ANCIENS

TITRE PREMIER

PÉRIODE ANTÉRIEURE AU XXe SIÈCLE

On a vu dans les deux Cours précédents, que le point de départ choisi était le déluge universel et la dispersion des hommes, et que ces premiers événements s'étaient produits dans la partie de l'Asie située entre la mer Caspienne, le Caucase, la mer Noire, l'Archipel, la Méditerranée et le golfe Persique. La postérité de Sem s'est étendue à l'est du Tigre, jusque dans l'Asie orientale; celle de Cham dans l'Asie occidentale et dans l'Afrique; celle de Japhet, enfin, occupant d'abord le plateau de l'Iran et le Caucase, s'est installée peu à peu dans la région européenne. Le berceau de l'humanité, ou centre de tous ces mouvements successifs, est donc le bassin du Chatt-El-Arab, appelé primitivement plaine de Sennaar, puis, par les Grecs, Mésopotamie. C'est de ce centre que les trois postérités rayonnent, et leur installation peut être considérée comme le résultat de trois phases principales.

Ire Phase — Du XXXe au XXVe siècle.

Les *Sémites*, établis autour du Tigre et de l'Euphrate. lancent leur trop plein dans la direction de l'Orient; trois peuples principaux s'étendent dans le plateau central jusqu'à la mer Orientale ou Toung-Haï, entre les lacs Baïkal et Balkash, l'Himalaya et l'Indo-Chine. C'est l'un de ces peuples qui, recevant une législation de son chef Fo-Hi, fonde au xxxe siècle, l'empire de Chine ; les deux autres prennent le nom de San-Miao à l'ouest, et Chan-Ioung au nord. Quant aux Sémites restés dans les premiers cantonnements, ils se subdivisent en quatre peuples principaux, donnant naissance aux quatre royaumes suivants : 1° Royaume de Syrie ou Damas, fondé au xxviiie siècle, par Aram; 2° Royaume de Ninive ou d'Assyrie, fondé au xxviie siècle, par Assur; 3° Royaume de Perse, contemporain du précédent, fondé par Elam; 4° Royaume d'Arabie, remontant au xxve siècle, fondé par Cathan ou Joctan.

Les *Chamites* se répandent du côté de l'Occident, occupant la côte orientale de la Méditerranée comprise entre l'Oronte et le torrent de Bésor, et qu'ils appellent terre de Chanaan, s'établissent dans la vallée du Nil, où ils fondent au xxixe siècle, les royaumes d'Égypte, d'Éthiopie et de Lybie, qu'ils nomment tout d'abord terres de Mesraïm, de Chus et de Phut ou Labahim. Ceux qui sont restés dans le bassin de l'Euphrate, donnent naissance, sous le règne de Nemrod au royaume de Babylone ou de Chaldée (xxviie siècle).

Les *Japhétites*, établis d'abord autour du mont Ararat, au sud du Caucase et sur les côtes méridionales de la mer Caspienne, vont s'étendre : 1° à l'ouest, le long de la mer Noire ou pont Euxin jusqu'au Taurus; 2° à l'est jusqu'au Djihoun et à l'Indus. Les races principales sont celles de Thag!ath ou Thogorma, sur l'Ararat; de Magog, dans le bassin du Kour; de Madaï, qui fonde le royaume de Médie au xxxvie siècle, sur les côtes de la mer Caspienne; enfin, celle des Aryas, sur le plateau de l'Iran.

Il résulte de là qu'à la fin de cette première phase, le monde comprend deux parties n'ayant entre elles aucune relation, l'Orient et l'Occident. A l'Orient : le premier de tous les empires, la Chine, est installé et a reçu une civilisation : il touche du côté du nord et de l'ouest à deux peuples barbares, qu'il nomme lui-même le Chan-Joung (Barbares des montagnes), et le San-Miao ou Si-Joung (Barbares occidentaux). A l'occident du mont Émode ou Imaüs (comprenant toutes les grandes chaînes de l'Himalaya, du Bolour et de l'Altaï), se groupent tous les autres peuples dont les relations se tiennent et qui vont les propager en Europe et en Afrique.

IIe Phase. — Du XXVe au XXIe siècle

Asie orientale. — Un événement survient vers le xxiiie siècle : la grande inondation des rivières ravage le plateau central. Un ministre chinois, Yu, parvient à sauver l'empire. L'empereur Chun le désigne pour son successeur et la première dynastie de Hia commence en 2205; en même temps, sous l'influence de cette inondation, les Barbares du nord se séparent en deux groupes : l'un, appuyant vers l'ouest, se rapproche des lacs Balkach et Aral; l'autre descend du Tangnou et de l'Altaï, pour se rapprocher à son tour de l'Inchan, sous le nom de Huin-Yu. Quant aux San-Miao, leurs cantonnements ne changent pas.

Occident. — Un événement se produit en Arabie, au xxve siècle : A la mort de Cathan ou Joctan, ses deux fils se partagent le royaume de leur père et fondent les deux royaumes de l'Yémen et de l'Hedjaz ; mais après leur mort, les discordes font surgir une foule de petits états, dont les souverains luttent sans cesse entre eux. Sous l'influence de ces guerres civiles les Arabes purs ou du nord tentent de se répandre en dehors de la Péninsule, et dès lors s'effectuent la conquête de la Chaldée et la soumission de l'Égypte par les Arabes pasteurs ou Hycsos. C'est comme résultat de l'extension de ces royaumes arabes, que les deux descendants de Thogorma s'avancent jusqu'au Caucase pour fonder : 1° Haïg, le royaume d'Arménie (ainsi appelé de son sixième successeur, Aram) ; 2° Khartlos, celui de Géorgie, poussant devant eux la postérité de Magog, qui passe le Caucase et va s'unir aux barbares des lacs Aral et Balkach, sous le nom de Scythes. De leur côté, les Aryas se sont répandus dans la Péninsule, en deça du Gange, mais aussi lancent leur trop plein en Europe, donnant naissance aux trois grandes races qui se dispersent dans l'Europe méridionale et occidentale au xxe siècle.

IIIe Phase. — XXIe siècle

Orient. — Pas de changement.

Occident. — La soumission de l'Égypte par les Hycsos s'est arrêtée à la Basse-Égypte et au delta du Nil. Les peuples soumis se révoltent ou s'enfuient ; l'un d'eux vient s'établir au sud des Chananéens et fait de Gérare la capitale du royaume des Philistins (Palestine).

En même temps, une famille entière de Chaldée, fuyant la domination des Arabes du nord, vient s'établir avec son chef Jacob ou Israël dans la terre de Gessen, entre la bouche orientale du Nil et les Philistins.

Enfin, vers l'an 2050, les rois de Thèbes parviennent, dans un suprême effort, à chasser les Hycsos, et cet exemple est bientôt suivi par Bélus, roi de Ninive qui, vers 1993, fait la conquête de la Chaldée et fonde le premier empire d'Assyrie.

L'ancien Continent au XXe siècle

En Orient. Trois peuples : 1° l'empire de Chine entre le Petchili, le Hoang-Ho et le fleuve Bleu; 2° les Chan-Young ou Hiun-Yu, dans l'Inchan; 3° les San-Miao ou Si-Kiang, dans le Khoukhou-Noor.

En Occident, ou contrée appelée Monde connu des anciens :

1° Les trois races européennes dont la position est déjà connue;

2° Le premier empire d'Assyrie, comprenant Ninive et Babylone;

3° Le royaume de Médie;

4° Le royaume de Perse;

5° Le royaume de Géorgie ;

6° Le royaume d'Arménie;

7° Les onze peuples chananéens;

8° Les Philistins;

9° Les Israélites, soumis aux Pharaons ou rois d'Égypte;
10° Les États d'Arabie;
11° Les Aryas, divisés en Iraniens et en Ario indiens;
12° Les peuples d'Asie-Mineure;
13° Le Royaume de Syrie ou de Damas;
14° Le Royaume d'Égypte;
15° Le Royaume d'Éthiopie;
16° La Terre de Lybie.

TITRE II

PÉRIODE DU XXe SIÈCLE A 962 ANS AV. J.-C.

CHAPITRE PREMIER

Événements en Orient

L'historique de l'Orient comprend trois événements principaux : 1766, 1122, 1120.

1° En 1766, le despotisme de l'empereur Hia produit sous le règne de Kié une révolte générale; Kié est vaincu et tué, et le chef des rebelles, Tching-Thang, fonde la deuxième dynastie des Chang. Mais la Chine est soumise à un véritable système féodal et se compose de soixante-seize états vassaux.

2° En 1122, la dynastie des Chang a voulu ruiner la féodalité existante et les luttes se sont succédé sans interruption. Le plus puissant des princes vassaux, Wou-Wang, parvient à vaincre le dernier Chang-Chiou-in et à fonder la troisième dynastie, celle des Tchéou.

3° En 1120, les révolutions précédentes produisent un double résultat : 1° Une colonie chinoise fuyant les guerres civiles, se réfugie dans Akitsou-No-Sima (île de la Demoiselle) ; 2° les Barbares du nord, Hiun-Yu, veulent profiter de la faiblesse des empereurs pour les attaquer ; ils sont battus et refoulés au nord et au nord-ouest et obligés de se séparer en deux tribus : les Hian-Yun vers le haut Selenga, les Toung-Hou dans le bassin de l'Amour. Quant aux San-Miao ou Si-Kiang, ils conservent le pays de Khoukhou-Noor.

CHAPITRE II

Événements en Occident

Pendant que les peuples de l'Europe s'installent et que les premiers royaumes se fondent dans les deux Péninsules italique et hellénique, deux événements principaux surgissent dans l'Asie occidentale (xxe et xviie siècles), et produisent huit changements importants : un à l'est, quatre à l'ouest, trois au sud-ouest. 1° Au xxe siècle, Ninus, puis Sémiramis, successeurs de Bélus, étendent les limites du premier empire d'Assyrie, au nord, jusqu'au Caucase, au lac d'Aral ou Oxien et à l'Iaxarte ; à l'est, jusqu'au mont Emode et à l'Indus (où Sémiramis est arrêtée par le premier roi connu de l'Inde, Stabrobates) ; au sud, jusqu'au golfe Persique, à l'Arabie, à la mer Rouge, à l'Éthiopie ; à l'ouest, jusqu'à la Lybie, la mer Egée et le pont Euxin. 2° Au xviie siècle, le premier empire d'Assyrie, dont la décadence a commencé sous Ninyas, successeur de Sémiramis, voit s'élever et se détacher une foule de royaumes. L'Égypte rentre bientôt sous la domination tyrannique des Pharaons, et c'est pour échapper à la servitude que, sous le règne d'Aménophis III, les Israélites abandonnent la terre de Gessen (1645), et sous la conduite de Moïse, puis de Josué, font la conquête de la terre de Chanaan (1605). De cette décadence du premier empire d'Assyrie, résultent huit changements importants : à l'est, les peuples de race indo-européenne recouvrent leur indépendance : les Dahés, les Massagètes et les Aryas, lesquels fondent les royaumes de Sogdiane et de Bactriane.

A l'ouest apparaissent les royaumes de Troade, en 1614; de Lydie, en 1579; de Bithynie, en 1330; enfin les colonies grecques de l'Europe s'établissent, soit sur la côte de la mer Égée, où elles prennent les noms d'Éolide, d'Ionie et de Doride (XIIe et XIe siècles), aux dépens de la Troade, soit sur la côte de la Lybie, qu'elles appellent Cyrénaïque. Au sud-ouest, les Chananéens septentrionaux qui ont échappé à la conquête des Israélites forment une République fédérative, essentiellement commerçante, laquelle prend le nom de Phénicie (Sidon, Tyr), et s'empare bientôt du monopole du commerce de la Méditerranée. En Égypte, le fils d'Aménophis III, appelé Ramsès Meiamoun ou Sésostris le Grand, essaie de reconstituer à son profit l'empire assyrien, qui croule. Neuf années suffisent pour la conquête ; mais la trop grande extension de ce territoire l'empêche de maintenir sa domination et le démembrement continue. C'est à lui que l'Égypte doit sa division administrative en trois régions : Thébaïde, Heptanonide, Delta, subdivisées elles-mêmes en trente-six nomes. — Enfin, les Israélites, divisés en douze tribus, parviennent à assurer leurs possessions contre leurs voisins, et en 962 fondent les deux royaumes de Juda et d'Israël.

CHAPITRE III

Ancien Continent en 962

Europe. — Situation donnée dans la carte de 753, sauf Rome et les îles de la Méditerranée, qui n'appartiennent pas encore aux Phéniciens.

Asie orientale. — Empire de Chine, comprenant l'île Niphon (Akitsou-No-Sima), la Corée (Tchao-Sian) et les bassins du fleuve Jaune et du fleuve Bleu.

Les San-Miao ou Si-Kiang, dans le plateau de Khoukhou-Noor.

Les Hian-Yun, entre les monts Inchan et le Haut-Selenga.

Les Toung-Hou, dans le bassin de l'Amour.

Asie méridionale et centrale. — Royaumes indiens des Kourous et des Pandous.

Royaume de Bactriane, entre le mont Paropamisus et l'Oxus.

Royaume de Sogdiane, entre l'Oxus et l'Iaxartes, les Aryas, les Dahés, les Massagètes, les Scythes d'Asie.

Asie occidentale. — Royaume arabes : Premier empire d'Assyrie, comprenant la Perse, la Susiane, la Médie, la Géorgie, la Colchide, l'Arménie, l'Assyrie, la Chaldée ou Babylonie.

Royaume de Bithynie (Pruse ou Brousse).

Royaume de Lydie (Sardes).

Colonies grecques (Éolide, Ionie, Doride).

Royaume de Syrie ou de Damas.

Phénicie (Tyr).

Royaume d'Israël (Samarie).

Royaume de Juda (Jérusalem).

Colonie grecque de la Cyrénaïque.

Libye.

Royaume d'Éthiopie, habité par les Nubiens et les Blemmyes.

Royaume d'Egypte, divisé en trente-six nomes et en Haute-Egypte ou Thébaïde (Thèbes), — Moyenne-Egypte ou Heptananide (Memphis), — Basse-Egypte ou Delta (Péluse ou Tanis).

TITRE III

PÉRIODE DE 962 A 759

Aucun changement important ne se produit dans l'Asie orientale; l'empire chinois reste soumis à une féodalité qui résiste aux tentatives des Tchéou.

Dans l'Occident. — Trois événements surviennent (860-767-759)

1° — En 860, les commerçants Phéniciens, déjà maîtres des îles Asiatiques de la Méditerranée orientale, étendent leurs possessions coloniales dans toutes les îles de la mer Intérieure, et Didon, sœur de Pygmalion, roi de Tyr, débarquant sur les côtes de Gétulie, oblige le roi Iarbas à lui céder le territoire où elle fonde Carthage. Le Monde ancien comprend dès lors toute l'Afrique septentrionale actuelle, où vont s'élèver après la mort d'Iarbas les deux royaumes de Numidie et de Mauritanie.

2° — En 767, l'Egypte, en pleine décadence depuis la mort de Sésostris, se trouve attaquée des deux côtés par les royaumes d'Israël, de Juda et d'Éthiopie ; elle tombe sous la domination de Sabacon, qui fonde la dynastie éthiopienne d'Égypte.

3° — En 759, le démembrement du premier empire d'Assyrie continue, sous le dernier successeur de Bélus, Sardanapale. Les deux Satrapes principaux, Bélésis, de Babylone, et Arbacès, de Médie, suscitent une révolte générale, et l'empire est divisé en trois parties : deuxième empire d'Assyrie, royaume de Babylone et royaume de Médie.

Ancien Continent en 759-753.

Europe. — Situation connue de 753.

Asie orientale.— Empire de Chine (Corée et Akitsou-No-Sima).

Les San-Miao ou Si-Kiang. Les Hian-Yun. Les Toung-Hou.	Situation de 962.

Asie centrale et méridionale. — Royaumes indiens des Kourous et des Pandous.

Peuples Aryas de l'Iran. Royaume de Bactriane (*Bactres*). Royaume de Sogdiane (*Maracande*). Dahés et Massagètes.	Situation de 962.

Scythes d'Asie divisés en deux groupes par l'Imaüs.

Asie occidentale. — Royaumes arabes.

Royaume de Médie (Ecbatane), comprenant la Susiane et la suzeraineté des rois de Perse.

Royaume de Babylone.

Deuxième empire d'Assyrie (Ninive), comprenant l'Halys, la Colchide, l'Arménie et la Géorgie ou Ibérie, qui conservent cependant leurs dynasties régnantes.

Royaume de Bithynie (Pruse).

Royaume de Lydie (Sardes).

Colonies grecques et Troade.

Royaume de Syrie (Damas).

Phénicie (Tyr).

Royaume d'Israël (Samarie).

Royaume de Juda (Jérusalem).

Afrique septentrionale ou Lybie. — Royaume d'Éthiopie et Égypte.

Libye.

Colonie grecque de la Cyrénaïque.

République carthaginoise.

Royaumes de Numidie et de Mauritanie.

TITRE IV

PÉRIODE DE 759 A 504

CHAPITRE PREMIER

Asie Orientale et Méridionale

Cette période est remplie par deux événements :

1° En 749. — La Chine continue à être désolée par la guerre civile et par la guerre étrangère. Les nombreux princes vassaux se déclarent ouvertement indépendants, prennent tous le titre de roi, et l'empire se trouve composé, dès lors, de vingt-et-un royaumes rangés autour du domaine impérial, qui prend le nom de Royaume du Milieu (*Tchong-Koué*).

2° En 660. — Ce démembrement s'étend jusqu'au Japon, où Sinbou ou Simnou (guerrier divin), descendant des chefs colons d'Akitsou-No-Sima, fonde la monarchie japonaise et devient la souche de la famille sacrée des Deïri (*Mikado*). — En même temps, les Barbares de l'ouest, San-Miao ou Si-Kiang lancent au sud leurs tribus Yue-Nan-Tchao et vont donner naissance aux nations tubétaines.

Dans l'Hindoustan. — Les royaumes indiens en deça du Gange sont devenus très-nombreux par la lutte des Kourous et des Pandous ; mais à la fin de cette période, s'élève au milieu d'eux l'empire des Prasiens.

Enfin, au sud de l'Hindoustan apparaissent les navires phéniciens ; on les a vus à l'Occident traverser le détroit de Gadès et pousser au nord jusqu'aux Cassitérides et à Thulé. En Asie, ils sillonnent la mer Rouge et le golfe Persique. et atteignent bientôt l'île de Taprobane (*Ceylan*).

CHAPITRE II

Libye, Carthage et Égypte

Pendant que, en Europe, les races commencent à occuper l'Europe centrale, pendant que l'Italie voit naître et s'élever Rome aux dépens de la Sabine et du Latium; pendant enfin que, dans la Péninsule hellenique s'installe la prépondérance, soit d'Athènes dans la Hellade, soit de Sparte dans le Péloponnèse, une puissance commence en Lybie: la colonie phénicienne de *Carthage* assure d'abord son autorité sur les peuples voisins, puis s'élance hors de l'Afrique et s'installe, soit dans les îles Baléares, en 730, soit dans la Sardaigne et la Corse, en 543; soit enfin dans une partie de la Sicile, où elle est obligée de lutter contre le roi de Syracuse et les peuplades indépendantes.

En même temps, en *Égypte*, le despotisme de la dynastie éthiopienne soulève des discordes entre les deux classes principales de la population : les prêtres et les guerriers. En 713 le grand prêtre de Vulcain, Sethos, monte sur le trône, mais sans pouvoir arrêter l'anarchie. Le royaume se trouve bientôt démembré entre douze rois, et cette dodécarchie va durer jusqu'en 656, époque où l'un des douze souverains, Psammétichus, d'abord dépouillé par ses collègues, ressaisit l'autorité avec l'aide d'auxiliaires grecs, et devient seul maître du trône. Cette unité administrative durera jusqu'à la conquête par les Perses (525).

CHAPITRE III

Asie Occidentale. — Formation de l'Empire des Perses

Cette formation est le résultat des luttes constantes qui éclatent entre les royaumes, débris du premier empire assyrien, depuis la dissolution de cet empire, et qui donnent lieu aux quatre phases suivantes :

I. Deuxième Empire d'Assyrie. — Trois événements (733-718-680)

1° En 733. — Les successeurs de Sardanapale, dans le royaume de Ninive, essaient de recouvrer l'ancienne puissance assyrienne, surtout du côté de l'Occident, et Téglath Phalazar s'empare du royaume de Damas ou de Syrie.

2° En 718. — Salmanasar continue l'extension du même côté, et s'emparant de Samarie, réunit à ses États le royaume d'Israël.

3° En 680. — Asarhaddon, deuxième successeur du précédent, parvient à s'emparer de Babylone.

II. Royaume de Babylone et Empire Chaldéo-Babylonien — Trois événements (625-587-585)

1° En 625. — Après le règne d'Asarhaddon, la mollesse des successeurs ramène l'anarchie; les peuples Scythes du nord en profitent pour pousser leurs incursions jusqu'au sud du Caucase, et ne sont refoulés qu'après vingt-huit années de luttes et grâce aux secours combinés des nations mèdes et caucasiennes. Après leur retraite, Nabopolassar, gouverneur de Babylone, révolté, renverse le dernier roi Sarac, détruit Ninive et fonde l'empire Chaldéo-Babylonien, capitale Babylone.

2° En 587. — Les souverains du nouvel empire continuent la politique des anciens Assyriens du côté de l'Occident ; mais ils ont à combattre les mêmes projets de la part des rois d'Égypte vis-à-vis de Juda et de la Phénicie, et ce n'est qu'après la défaite de Néchao que Nabuchodonosor II parvient à la conquête du royaume de Juda.

3° En 585. — Le même roi s'empare de la Phénicie. Cette situation change aussitôt après la mort de ce monarque et les mêmes causes qui ont perdu Ninive amèneront la chute de Babylone, en 538, sous le règne de Labynit (*le Balthazar de l'Écriture*).

III. Asie-Mineure. — Deux événements (708-559)

1° En 708. — L'Asie-Mineure est composée depuis la chute du premier empire assyrien des trois parties appelées : Royaumes de Lydie (1579), de Bithynie (1330) et Colonies grecques (XIIe et XIIIe siècles); mais, parmi elles le royaume de Lydie devient maître de la côte de la mer Egée à l'avénement de la dynastie des Mermnades.

2° En 559. — Le dernier roi de cette dynastie, Crésus, étend les limites de son royaume jusqu'à l'Halys, par la conquête de la portion centrale appelée Phrygie. Il est sur le point de terminer la conquête de la Cappadoce, lorsqu'il se heurte aux armées persanes (548).

IV. Royaume de Médie. — Neuf événements (655-599-560-548-547-538-525-513-507)

1° En 655. — Le royaume de Médie, fondé par Arbacès en 759, conserve la suzeraineté sur les rois de Perse de la dynastie des Achéménides. Les successeurs d'Arbacès suivent vis-à-vis des peuples du nord la politique des royaumes voisins à l'égard de l'Occident, et l'un d'eux, Cyaxare Ier, étend sa domination jusqu'au Caucase et à l'Halys, en faisant la conquête de la Cappadoce et en imposant son autorité aux rois d'Arménie.

2° En 599. — Les événements survenus à Ninive fournissent un exemple à Astyage, et pour empêcher une situation pouvant résulter d'une révolte des Perses, ce prince unit les deux dynasties régnantes par le mariage de sa fille Mandane et du roi *Cambyse*. C'est de ce mariage que va naître Cyrus.

3° En 560. — A l'avénement de Cyanare II, fils et successeur d'Astyage, Cyrus devient généralissime des troupes mèdes et persanes réunies, et joint aux états de son oncle tous les pays orientaux du plateau de l'Iran jusqu'à l'Iaxarte.

4° En 548. — Les provinces du nord-ouest sont soulevées et envahies par Crésus ; Cyrus court en Lydie et fait la conquête de l'Asie-Mineure jusqu'aux colonies grecques.

5° En 547. — Il veut avoir la suzeraineté de ces colonies, qui la lui refusent ; une expédition est dirigée contre elles ; mais l'Ionie seule est soumise.

6° En 538. — L'anarchie régnant dans l'empire Chaldéo-Babylonien attire sur cet empire l'ambition des Perses, et Cyrus, s'emparant de Babylone étend les limites persanes jusqu'à la Méditerranée et l'Égypte. Il divise cet empire en cent vingt petits gouvernements.

7° En 525. — Cambyse, fils et successeur de Cyrus, veut continuer les conquêtes dans le but d'empêcher les projets des rois d'Égypte; il attaque et bat Psamménit, mais il échoue contre l'Éthiopie.

8° En 513. — Darius, successeur de Cambyse, mais de la dynastie Achéménide, veut assurer les frontières de l'empire contre les incursions des Barbares du nord; il passe l'Hellespont et pousse sa marche jusqu'au Borysthène. Mais l'expédition échoue contre les Scythes, et Darius ne conserve de ses conquêtes que la Thrace.

9° En 507. — Il répare l'insuccès précédent en complétant la soumission des peuplades Aryennes jusqu'à l'Indus et divise son empire en vingt grands gouvernements ou Satrapies.

CHAPITRE IV

Ancien Continent en 504.

Situation de 323 pour l'Europe septentrionale, centrale occidentale et orientale

Europe méridionale. — 1° *Péninsule italique.*

Au nord. — Gaule Cisalpine.

Au centre. — Étrurie.

République romaine.

Samnium.

Campanie.

Au sud. — Grande Grèce.

2° *Péninsule hellénique.*

Au nord. — Épire.

Thessalie.

Macédoine.

Au centre — Hellade (*Athènes, Thèbes*).

Au sud. — Péloponnèse (*Sparte, Argos*).

Lybie. — Royaumes de Mauritanie et de Numidie.

République Carthaginoise (Baléares, Corse, Sardaigne, Sicile méridionale).

Cyrénaïque.

Lybie propre.

Éthiopie.

Asie occidentale. — Empire des Perses borné au nord par la Mœsie, le pont Euxin, le Caucase, la Caspienne, le lac Oxien, l'Iaxarte.

A l'est. — Par la Scythie, en deçà de l'Imaïus et de l'Indus.

Au sud. — Par la mer Érythrée, le golfe Persique, l'Arabie, la mer Rouge, l'Éthiopie.

A l'ouest. — Par la Cyrénaïque, la mer Intérieure, la mer Egée (moins la Doride et l'Éolide.

Royaumes arabes :

Hindoustan. — Royaume des Prasiens.

Etats nombreux du sud.

Colonie phénicienne de Taprobane.

Asie centrale et orientale. — Scythie.

Hian-Yun.

Toung-Hou.

Si-Kiang
Yue-Nantchao } Peuples tubétaires.

Chine. — Empire du Milieu ou Tchong-Koué.

21 royaumes indépendants.

Royaume du Japon.

TITRE V

PÉRIODE DE 504 A 323

CHAPITRE PREMIER

Libye

Pendant qu'en Europe la République romaine prend possession de la Campanie, en 342, la puissance de Carthage continue à croître de deux côtés : 1° en 460 elle étend ses limites en Europe jusqu'au Tage par la conquête de la Betique et des côtes de la Méditerranée oú elle fondera Carthagène ; 2° en 455, elle acquiert en Lybie le littoral de la Méditerranée compris entre les deux Syrtes en l'enlevant aux Grecs de la Cyrénaïque, grâce au dévouement des frères Philènes.

Quant à l'Egypte, elle essaie de se débarrasser de la domination persane ; mais si elle réussit après une troisième tentative en 414, elle retombe en 355 sous l'autorité d'Ochus, et va suivre les destinées de l'Empire des Perses jusqu'en 323.

CHAPITRE II

Asie Orientale et Hindoustan

Le morcellement de l'Empire chinois lui a valu les attaques des peuples du nord et du sud ; mais ceux-ci ont été repoussés au nord jusqu'au Khinggan, au sud jusqu'à la mer. Mais aussi cette résistance a favorisé le développement des deux royaumes de l'ouest et de l'est, de telle sorte que à la fin de cette période la Chine ne comprend plus que dix royaumes rangés autour du royaume du Milieu, appartenant aux Tchéou et qui se nomment, en allant de l'ouest à l'est : Tsin, Yen, Tchao, Goeï, Oueï, Thien-Tsi. Lon, Song, Tsou ou Tchou, Han. Ceux de Tsin et de Tsou sont plus grands chacun que tous les autres ensemble.

Quant à l'Hindoustan, il se compose toujours d'une foule d'états toujours en guerre les uns contre les autres et le plus souvent tributaires des plus puissants, qui sont le royaume des Prasiens, entre le Gange et la Nerbuddah, et les royaumes de Taxile et de Porus, qui vont devenir possession macédonienne.

CHAPITRE III

Formation de l'Empire d'Alexandre
L'Asie Occidentale présente huit événements
(504 - 449 - 387 - 333 - 332 - 330 - 329 - 327)

1° 504. — La portion centrale des colonies grecques, appelée Ionie, veut secouer le joug de la Perse, et son gouverneur Aristagoras favorise le soulèvement, appelant à son aide les Grecs d'Europe. Mais ce soulèvement est bientôt réprimé et les Athéniens abandonnent leurs alliés.

2° 449. — Darius veut à tout prix empêcher une tentative nouvelle, et dans ce but profite d'un côté de ce qu'il possède la Thrace, de l'autre de ce que Sparte et Athènes, jalouses l'une de l'autre, sont sur le point de lutter entre elles, pour intervenir dans les affaires de la Grèce et asservir toute la Péninsule ; mais il est battu et le général Athénien Cimon impose le traité qui porte son nom. et par lequel le roi Artaxérès Ier reconnaît l'indépendance même de l'Ionie; c'est ce qu'on nomme les guerres médiques.

3° 387. — La lutte dont voulait profiter Darius a éclaté entre Sparte et Athènes et s'est appelée guerre de Péloponnèse. Sparte a accepté dans cette guerre l'appui des rois de Perse, et lorsqu'elle a été victorieuse elle a reconnu les services de ces rois en faisant signer par Antalcidas, le traité qui porte son nom et qui soumet les villes grecques d'Asie à l'autorité du roi Artaxérès II Mnémon.

4° 333. — Le traité précédent a soulevé les états grecs contre Sparte; la suprématie a passé à Thèbes, puis à la Macédoine lorsque cette dernière a été gouvernée par Philippe. Le fils et successeur de ce dernier, Alexandre le Grand, prenant en main la direction de toute la Péninsule, veut annuler le traité d'Antalcidas, passe l'Hellespont et remporte sur Darius III Codoman la victoire du Granique, qui lui livre toute l'Asie-Mineure.

5° 332. — Darius vaincu s'enfuit; mais Alexandre le poursuit et lui inflige une seconde défaite à Issus, qui lui livre la Phénicie, la Judée ou Palestine et facilite la conquête de l'Égypte. Le commerce de la Méditerranée orientale appartient à Alexandre, et Alexandrie devient le centre des relations et des transactions.

6° 330. — Darius veut essayer de réparer ses deux défaites, lève une nouvelle armée et marche sur l'isthme, dans le but de fermer la retraite au conquérant. Alexandre le prévient, lui inflige une troisième défaite à Arbelles; Darius s'enfuit en Bactriane et le vainqueur prend possession de la Syrie, de la Babylonie, de la Perse et de la Médie.

7o 329. — Le Satrape Bessus assassine Darius, et dans le but de fonder à son profit un royaume dans les provinces orientales, prend la direction de la lutte. Alexandre marche contre lui et sa seule présence lui soumet tout le pays borné à l'est par l'Iaxarte et l'Indus.

8o 327. — La conquête faite et le voisinage des pays de l'Inde, joints aux produits que les navires phéniciens rapportent de l'île de Taprobane, et même de la presqu'île de Malacca et de l'île de Sumatra, (qu'ils appellent déjà à cette époque Chersonèse d'Or et île de la Bonne-Fortune), font pressentir à Alexandre l'abondance et les richesses des produits de l'Orient et lui suggèrent l'idée de relier par des voies de terre, le centre du commerce occidental Alexandrie, avec un centre choisi du commerce oriental. C'est pour exécuter ce projet qu'il passe l'Indus et soumet le royaume de Porus. Mais les fatigues imposées à son armée et la jalousie de ses généraux l'arrêtent, et il est obligé de rentrer à Babylone, où il meurt en 323.

CHAPITRE IV

Ancien Continent en 323.

Europe. — Situation donnée par l'Atlas spécial.

Libye. — Royaumes de Numidie et de Mauritanie.

République carthaginoise (Littoral, Baléares, Corse, Sardaigne, Sicile méridionale, Bétique).

Colonie grecque de la Cyrénaïque.

Royaume d'Éthiopie.

Asie orientale. — Chine. — Tchong-Koué ou royaume du Milieu ou des Tchéou.

Royaumes de Tsin, Yen, Tchao, Goeï, Oueï, Thien-Tsi. Lou, Song, Tsou, Han.

Royaume du Japon.

Peuples Toung-Hou.

d° Hian-Yun.

d° Si-Kiang.

Asie méridionale. — Peuples Yue-Nan-Tchao.

Colonies phéniciennes de Taprobane.

Royaume des Prasiens.

États indiens.

Royaumes arabes.

Asie centrale. — Scythie d'Asie, au-delà ou en deçà de l'Imaüs.

Dahés et Massagètes.

Empire macédonien. — Borné au nord par l'Ister, le pont Euxin, la Bithynie, l'Aras, la Caspienne, les Dahés, le lac Oxien, l'Iaxarte.

A l'est. — Par le Bolour, l'Hyphase, l'Indus.

Au sud. — Par la mer Erythrée, le golfe Persique, l'Arabie, la mer Rouge, l'Éthiopie.

A l'ouest. — Par la Libye intérieure, la Cyrénaïque, la mer Intérieure et l'Adriatique.

TITRE VI

PÉRIODE DE 323 A 27

CHAPITRE PREMIER

Afrique Septentrionale

Les changements qui surviennent reposent sur deux faits principaux : le démembrement de l'empire d'Alexandre, la formation de l'empire romain. — La géographie historique de l'Europe nous a déjà montré que la République romaine, maîtresse de toute la Péninsule italique, veut dominer sur l'Europe méridionale et sur la Méditerranée. Elle est donc obligée de soutenir des guerres des quatre côtés à la fois : au nord, contre les Gaulois cisalpins ; à l'ouest, contre les peuples de l'Hispanie ; au sud, contre Carthage ; à l'est, contre les débris de l'empire macédonien. Nous savons déjà comment elle est arrivée à la conquête de la partie européenne. En Afrique elle devient maîtresse des possessions carthaginoises, par quatre événements : 241, 219, 202, 146.

1° En 241. — Rome veut la Sicile ; mais celle-ci est occupée par le royaume de Syracuse, par un peuple appelé les Mamertins et par les colonies de Carthage. Elle profite de ce que Carthage tient à soumettre les Mamertins pour leur porter un appui intéressé, et une première guerre punique éclate : Carthage est battue et la Sicile est romaine.

2° En 219. — Carthage, déjà maîtresse des côtes hispaniques, répare la perte des îles italiennes en étendant ses possessions en Espagne jusqu'à l'Ebre; Rome donne aux villes de la Péninsule un soutien aussi intéressé que le précédent; mais Annibal n'en prend pas moins Sagonte. De là, la deuxième guerre punique.

3° En 202. — Rome soutient d'abord la lutte avec insuccès: ses généraux sont battus par Annibal; mais Scipion parvient à porter la guerre en Afrique, s'allie à Massinissa, roi de Numidie, et la victoire de Zama donne aux Romains toutes les possessions carthaginoises de l'Hispanie.

4° En 146. — Carthage veut réparer ses pertes par l'extension de ses limites sur le littoral africain. Massinissa, allié de Rome, implore un secours qu'on lui accorde, et la destruction de Carthage fait de l'Afrique une province romaine.

CHAPITRE II

Asie Occidentale

Aussitôt après la mort d'Alexandre le Grand, ses généraux se partagent une première fois l'empire macédonien ; mais ce partage ne suffit pas à leur ambition et chacun d'eux veut la suprématie. De là, une lutte constante et acharnée qui aboutit en 301, après la bataille d'Ipsus, au deuxième partage suivant: quatre royaumes sont fondés: deux en Europe, deux en Asie. La Macédoine et la Grèce sont données à Cassandre; la Thrace et l'Asie-Mineure, jusqu'au Taurus, et l'Halys deviennent la propriété de Lysimaque; l'Égypte échoit à Ptolémée, fils de Lagus, et le reste, prenant le nom de Royaume de Syrie, est donné à Séleucus.

On a vu que Rome profite de toutes ces discordes pour intervenir, et que la Macédoine et la Grèce deviennent romaines en 146, en même temps que Carthage.

Le royaume de Thrace, déjà scindé, devient bientôt par la défaite et la mort de Lysimaque, à Cyropédion, en 282, une annexe du royaume de Syrie.

Royaume d'Égypte. — Trois événements
(221 - 204 - 30)

1° En 221. — Les Ptolémée-Lagides essaient de s'étendre en Asie au détriment des Séleucides, et Ptolémée III Érergete parvient à s'emparer de la Cyrénaïque, des îles de la Méditerranée, de la Phénicie, de la Syrie propre.

2° En 204. — Le roi de Syrie, Antiochus III le Grand, profite de la faiblesse de Ptolémée V Éphiphane, pour lui reprendre d'abord ses possessions d'Asie, et pour soumettre, ensuite, celles d'Afrique; mais il est arrêté par l'intervention de Rome, dont Épiphane accepte la tutelle.

3° En 30. — La faiblesse des rois d'Égypte va croissant et la bataille d'Actium fait de l'Égypte une province romaine.

Royaume de Syrie. — Séleucus établit rapidement son autorité sur toutes les contrées de l'empire, et fonde Antioche, dont il fait sa capitale; mais après sa mort, en 281, le démembrement commence aussitôt et s'achève rapidement par trois faits : 279, 266, 255.

1° En 279. — Le gouverneur de la Bithynie se révolte et, appelant à son aide les Gaulois du Danube qui ont envahi la Thrace, parvient à se rendre indépendant, sous le nom de Nicomède Ier; mais, il est obligé de céder aux Gaulois le territoire de Galatie (Ancyre ou Angora). En même temps, le gouverneur de l'ancienne Lydie fonde le royaume de Pergame.

2° En 266. — Mithridate, héritier des anciens Satrapes de Pont, rompt la vassalité et prend le titre de roi, sous le nom de Mithridate IV.

3° En 255. — Les provinces orientales de l'Indus et du plateau de l'Iran se soulèvent et forment deux royaumes : 1° celui des Parthes, comprenant l'Iran occidental, et prenant pour roi, Arsace ; 2° celui des peuples Aryens, comprenant tout l'Orient entre l'Iaxarte et l'Hyphase, que les Chinois nomment les Yuetchis.

Après ce démembrement, les souverains des royaumes nouveaux vont entretenir entre eux des guerres que Rome tournera à son avantage, jusqu'à ce qu'elle se heurte aux Arsacides. De là, sept événements : 216, 189, 167, 133, 75, 65, 64.

1° En 216. — Le roi de Parthes, Arsace III, s'empare de la Médie ou Atropatène et de l'Hyrcanie.

2° En 189. — Antiochus III le Grand est obligé de reculer devant l'intervention romaine ; et battu à Magnésie, il cède à Rome toute l'Asie-Mineure jusqu'au Taurus, que Rome donne au roi de Pergame, son protégé.

3° En 167. — La faiblesse des rois de Syrie, jointe à l'influence romaine, excite les Macchabées à proclamer la Palestine indépendante et à se placer sous la protection de Rome, qui accepte la tutelle.

4° En 133. — Rome n'a pu qu'user de protectorat jusqu'au moment où la possession de la Péninsule hellénique lui permet l'établissement des relations constantes avec l'Asie. Dès lors elle peut réunir ses conquêtes, et le testament d'Attale III, lui donnant le royaume de Pergame, elle possède l'Asie-Mineure jusqu'au Taurus.

5° En 75. — Le testament de Nicomède III livre aux Romains la Bithynie et la Galatie.

6° En 65. — Le roi de Pont, Mithridate VII, placé entre les deux ambitions de Rome et des Arsacides, est parvenu à établir jusqu'aux sources du Tigre et de l'Euphrate un royaume pouvant résister. Rome est obligée de diriger contre lui trois expéditions successives, et la troisième, seule, donne aux Romains les possessions occidentales, reconnaissant aux Parthes toute la partie orientale (Arménie).

7° En 64 — Le roi de Syrie, Antiochus XIII, subit la même destinée que Mithridate, et est obligé de céder sa couronne à Pompée, lequel, à son tour, est arrêté à l'Euphrate par l'Arsacide Phraate III.

CHAPITRE III

Asie Méridionale et Orientale

Hindoustan. — Au milieu des Etats qui remplissent l'Hindoustan et à côté du royaume des Prasiens s'élève celui des Dachinabadès. Quant aux peuples de l'Himalaya ils ont lancé leurs colonies des Si-Yu qui, en 280, a fondé le royaume de Koustana ou Khotan.

Peuples du Nord. — En 280, les Hian-Yun se groupent autour d'un chef qu'ils nomment Tchhen-Yu ou Roi, soumettent les Toug-Nou et forment la monarchie des Hioug-Nou. Ils prennent bientôt possession de tout le plateau central et de l'Altaï, et en 177, leur monarchie s'étend jusqu'à l'Iaxarte. C'est ce peuple qui lance jusque sur les bords de la mer Caspienne la colonie des Huns.

Chine. — Cinq événements (247-206-202-124-52)

1° En 247.— Les empereurs de Chine ont lutté sans succès contre les ambitions des royaumes qui les entourent. Les attaques des Hioung-Nou mêmes leur sont fatales, et les princes de Tsin parviennent à rétablir l'unité gouvernementale à leur profit. Tsin-Chi-Hoang-ti (premier souverain, empereur des Thsin) prend la direction de la défense générale, refoule les Hioung-Nou et commence la grande muraille de 500 lieues, qui doit protéger les frontières septentrionales.

2° En 206.—Après la mort de Thsin-Chi-Hoang-Ti les provinces commencent à se détacher de l'obéissance des empereurs, et une nouvelle féodalité s'établit, divisant la Chine en vingt royaumes.

3° En 202. — Cette féodalité trouve bientôt un maître dans l'aventurier Liéou-Pang, dont les vertus imposent à toutes les rivalités et qui fonde la dynastie des Han.

4° En 124. — Un de ses successeurs, Hiao-Vou-Ti parvient à repousser les Hioug-Nou et à leur imposer sa suzeraineté, et à forcer même les Yuetchis à se reconnaître ses vassaux. — L'Orient se rapproche de l'Occident.

5° En 52. — Enfin, l'Asie centrale ne peut résister aux Han, et la conquête du pays des Si-Yu, par Hiao-Houan-Ti, donne à la Chine la domination du Bolour et de l'Himalaya.

CHAPITRE IV

Ancien Continent en 27

Europe. — Situation donnée par le Cours spécial.

Asie méridionale. — Si-Kiang ou nations Tubétaines,
Royaume des Dachinabades.
Royaume des Prasiens.
Royaume des Arabes.

Afrique indépendante. — Royaume de Mauritanie.
Royaume de Numidie.
Royaume d'Éthiopie.

Empire romain.

Empire des Parthes.

Empire chinois. — En y ajoutant la suzeraineté des Hioug-Nou et des Yuetchis.
Royaume du Japon.

TITRE VII

PÉRIODE DE 27 AV. J.-C. A 395 AP. J.-C.

CHAPITRE PREMIER

Empire Romain

Le Cours spécial de l'Europe a fait voir comment l'Empire romain, se fondant en l'an 27 avant Jésus-Christ, se consolidait en Europe par les conquêtes de :

24 — l'Espagne du nord.
15 — le bassin du Danube (rive droite).
12 — la Mœsie.

46 — la Thrace.

85 — la Bretagne méridionale jusqu'aux monts Cheviot.

106 — la Dacie Trajane.

Elle nous a montré aussi comment s'étaient formés successivement dans l'Europe, d'abord l'empire des Goths, au IIe siècle, puis celui des Huns, en 376. En dehors de l'Europe les limites de cet empire sont plus difficiles à assurer.

1° En Afrique, les empereurs ont à lutter contre les incursions constantes des peuplades voisines qui facilitent les révoltes des gouverneurs. Ils sont obligés de soumettre la plupart des nations barbares et c'est ainsi que, en 25, l'empereur Tibère réunit la Numidie. En 52, l'empereur Claude soumet la Mauritanie et la nation des Nubiens ou Éthiopie septentrionale, pour en faire une barrière contre les invasions des Blemmyes.

2° En Asie, le territoire romain est menacé par les Parthes, et les empereurs ne peuvent que repousser les attaques de leurs voisins.

Cet empire est donc, en Afrique et en Asie, comme en Europe, l'objectif de tous les Barbares qui l'entourent; et nous nous expliquons : 1° les efforts qu'ont dû faire les empereurs pour repousser leurs invasions ; 2° le danger social que la révolution religieuse vient joindre à la défense territoriale ; 3° le partage que l'empereur Théodose se décide à effectuer en divisant le domaine romain en deux empires :

Orient, capitale Constantinople.

Occident, capitale Ravenne.

CHAPITRE II

Asie Occidentale

Parthes. — Les rois Arsacides ont à défendre leur empire, d'un côté, contre les attaques continuelles, soit des Romains, soit des Yuetchis (que les anciens appellent les Indoscythes), soit des peuples du golfe Persique ; de l'autre, contre les révoltes des Satrapes. que facilitent les attaques extérieures. Delà deux événements : 226, 365.

1° En 226. — Ardshin Babekan, fils de Sassan, descendant des anciens rois de Perse, dirige la dernière révolte, renverse le dernier Arsacide Artaban IV, auquel il ne laisse que l'Arménie, et fonde le deuxième empire Persan sous la dynastie des Sassanides, mais ne peut dominer sur l'ancien pays Aryen.

2° En 365. — Le Sassanide Sapor II fait la conquête des côtes du golfe Persique.

Yuetchis.— Les Yuetchis profitent des dissensions intérieures de la Chine pour secouer la vassalité et vont fonder un empire : Trois faits : 197.226, 365.

1° En 197. — Leur roi Ghidore étend sa domination jusqu'à la mer d'Oman et à l'embouchure de l'Indus.

2° En 226. — L'Iran oriental et la Bactriane se soumettent sans résistance.

3° En 365. — La conquête des côtes de la mer Caspienne et du pays de Tavan, au nord de l'Iaxarte, donne à cet empire son plus haut point de puissance. — C'est à ce moment qu'une tribu sous les ordres de son chef Yeta, se détache de l'empire, fait la conquête du pays de Si-Yu ou royaume de Khotan qu'elle enlève aux Chinois et fonde à côté des Yuetchis un empire allant jusqu'aux nations hunniques.

CHAPITRE III

Asie Orientale, Septentrionale et Méridionale

Chine. — Cinq événements principaux

(92-221-260-265-365)

1° En 92. — La dynastie des Han ne peut conserver l'unité dans un aussi grand territoire, et à la faveur des révoltes intérieures les peuples soumis du nord se soulèvent : les empereurs parviennent bien à réprimer les Hioug-Nou méridionaux ; mais les Hioug-Nou septentrionaux se séparent définitivement, et sous le nom de Yuepo, vont donner la main aux nations hunniques entre l'Oural et l'Irtysh supérieur. C'est de ce groupe que vont sortir les hordes nommées Avares, Khazars, Magyars, Turcs, etc.

2° En 221. — La tyrannie des premiers magistrats de l'empire excite de nouvelles séditions : les mécontents prennent les armes, au nombre de 200,000, et cette révolte, connue sous le nom des Bonnets-Jaunes, renverse les Han et divise la Chine en trois royaumes ou Sankouë : les Chou-Han, les Ou et Tongkin, les Goeï ; c'est la sixième dynastie des Weï ou Goeï.

3° En 260. — L'impératrice du Japon, Singo-Kogou profite de l'affaiblissement de l'empire pour s'emparer de la Corée.

4° En 265. — Les dissensions disparaissent de nouveau. Le Sankoué prend fin devant Szu-Mayan, prince de Tcin, qui force à l'obéissance les trois états séparés et fonde la dynastie des Tcin. (septième)

5° En 365. — L'unité chinoise disparaît encore après la mort de Szu-Mayan, et la Chine redevient la réunion d'une foule d'états dont les principaux sont le royaume Léang et le royaume Tcin. — C'est à la faveur de ces discordes nouvelles que les Hioug-Nou restants et appelés Sianpi, se séparent en trois parties :

1° Les Toungouses, dans la Sibérie méridionale.

2° L'empire des Jéou-Jan.

3° Le royaume des Thou-Kou-Hoën.

Hindoustan. — Les royaumes de l'Inde Cisgangétique n'ont pas changé.

Indo-Chine. — Les nations Tubétaines ou Yue-Nan-Tchao donnent naissance, à partir de 216, à quatre royaumes : le Founam, le Nan-Tchao, Siam, la Cochinchine.

Arabie. — Deux royaumes arabes apparaissent au nord à la faveur des luttes entre les Romains et les Parthes : 1° En 195, celui de Gassan, sur le golfe de Suez ; 2° celui de Hira ou des Mondars, près des Bouches du Chatt-El-Arab.

CHAPITRE IV

Ancien Continent en 395

Empire romain. — Divisé en empire d'Orient et en empire d'Occident.

(*Voir le cours de géographie historique de l'Europe.*)

Royaume des Blemmyes, en Étiopie.

Asie occidentale. — Royaumes arabes de l'Yémen, de l'Hedjaz, de Gassan et des Mondars.

Empire des Sassanides, ou deuxième empire Persan.

Royaume Arsacide d'Arménie.

Royaume de Géorgie.

Asie centrale. — Empire des Yuetchis et des Indo-Scythes. — Hioug-Nou du nord ou Yuepo.

Empire des Yeta.

Asie septentrionale. — Nations Toungouses.

Empire des Jéou-Jan.

Royaume des Thou-kou-Hoën.

Asie orientale. — *Chine.* — Royaume Léang.

id. Tcin

Empire du Japon, comprenant la Corée.

Asie méridionale. — *Indo-Chine.* — Royaumes de Nan-Tchao, de Cochinchine et de Siam, de Founam. — Si Khiang.

Hindoustan. — Royaumes des Prasiens, des Dachinabades, Colonies de Taprobane, de la Chersonèse d'Or, de l'île de Bonne-Fortune.

DEUXIÈME PARTIE

MOYEN AGE

(395-1453)

TITRE PREMIER

PÉRIODE DE 395 A 476

Les cours de Géographie historique de la France et de l'Europe nous ont appris que l'Empire romain d'Occident tombe sous les coups des invasions barbares, et que les peuples Germains prennent possession de l'Europe occidentale.

Un de ces peuples, les Vandales, déjà maître de la Péninsule hispanique depuis 409, est chassé par les Wisigoths, passe le détroit de Gibraltar, fait la conquête de la Mauritanie et de la Numidie, et parvient en 439 à fonder un empire, dont il fait Carthage sa capitale.

En Asie, quatre faits se produisent : 400, 401, 420, 428.

1° En 400 les Yéta, déjà possesseurs de Khotan et des versants de l'Altaï, attaquent leurs aînés, les Yuetchis et leur enlèvent tout ce qu'ils possèdent, ne leur laissant que le Petchiantchu ou bassin de l'Indus.

2° En 401, dans l'Indo-Chine, un des chefs de tribus

Tubétaines du nord réunit sous son autorité toutes les autres tribus et fonde l'empire Tubétain ou de Thoufan.

3° En 420, des tribus qui composent l'empire Sianpi des Jéou-Jan se détache une horde nommée Tho-Po, dont le chef attaque les provinces chinoises du nord jusqu'à l'Hoang-Ho et fonde un empire qui donne naissance au Nan-pé-Tchao (deux empires de Chine). — A la faveur de ces conquêtes et de rivalités intérieures, un marchand de souliers, Liéou-Yu, parvient à détrôner le dernier empereur Tan, prend le titre de Kaot-Sou-Wouti, et fonde la dynastie des Soung (huitième), qui va régner au sud de l'Hoang-Ho, en même temps que les Goeï, dans le nord.

4° En 428, dans l'Asie occidentale, l'empire Persan s'affermit sous la dynastie des Sassanides, résiste aux attaques des Yéta, à l'Est, et soutient avec avantage les tentatives des empereurs Romains d'Orient sur l'Arménie. C'est d'ailleurs pour arrêter l'influence de l'empereur Théodose II sur l'Arsacide Ardachès, que le roi de Perse, Varane IV, le dépose et fait de l'Arménie une province persane.

Ancien Continent en 476

(Voir Géographie historique de l'Europe)

Afrique. — Empire des Vandales, capitale Carthage,
Diocèse d'Égypte (empire romain d'Orient).
Éthiopie (Nubiens et Blemmyes).

Asie occidentale. — Royaumes arabes de l'Yémen,
de l'Hedjaz, des Mondars et de Gassan.
Diocèses romains d'Asie, de Pont, d'Orient.

Empire des Sassanides ou Persan.

Empire des Yeta.

Petchian-Tchu ou empire des Yuetchis

Asie méridionale. — Royaumes de l'Hindoustan et du Dekan.

Empire tubétain du Thoufan.

Royaumes de Founam, Nan-Tchao, Siam, Cochinchine.

Asie orientale. — Nan-pé-Tchao, empire des Soung.

Empire des Goeï.

Empire du Japon, comprenant la Corée.

Asie septentrionale. — Royaume des Toukou-Hoeu.

Empire des Jéou-Jan.

Nations Toungouses.

Yuépo.

TITRE II

PÉRIODE DE 476 A 561

Cette période est remplie en Europe : 1° Par la formation du royaume des Francs et la division de ce royaume en Austrasie, Neustrie, Aquitaine et Bourgogne; 2° par l'établissement des royaumes Anglo-Saxons, dans la Grande-Bretagne ; 3° par l'extension des empires Slaves et Lombards; 4° par les efforts de l'empereur d'Orient Justinien, dans le but de reconstituer l'ancien empire romain à son profit.

Nous savons déjà que grâce à son général Bélisaire, l'empire africain des Vandales a été conquis en 534, e que, aux limites de l'ancien empire romain, ne manquait que l'Europe occidentale.

Pendant ce temps, le royaume barbare d'Éthiopie soumet en 529 le royaume arabe de l'Yémen ; les Yuetchis se fondent avec les royaumes hindous, et trois grands événements surviennent, soit dans le Nan-pé-Tchao, soit dans l'Asie septentrionale, soit dans l'Indo-Chine.

1° *Nan-pé-Tchao.* — L'empire chinois du Sud est toujours le théâtre de rivalités intestines entre les dynasties et les principes féodaux, et ces dynasties ne font que paraître et disparaître ; ce sont : en 479 la neuvième des Tsi, en 502 la dixième des Liang, en 557 la onzième des Tchin. — L'empire du Nord gouverné par les Goeï des Sianpi-Tho-Po profite de tous ces déchirements pour fonder, dans le bassin supérieur de l'Yang-Tse-Kiang, un empire nouveau appelé empire des Goeï occidentaux ou Héou-Tchéou, le précédent prenant le nom de empire des Goeï orientaux ou Pé-Tsi.

2° *Indo-Chine.* — Les discordes chinoises profitent d'un autre côté au nouvel empire Tubétain du Thoufan, dont le chef Dzan-Fou s'empare de l'Himalaya jusqu'aux sources de l'Indus, en 556.

3° Au nord, une tribu des Kuepo, nommée Thoukiu ou Turcs, et dont le chef Asséna (fils de la Louve) se donne une origine miraculeuse, se fixe en 534 dans les vallées de l'Altaï. En 546, Thoumen, fils d'Asséna, commence la lutte contre les Jéou-Jan et leur prend les sources de l'Irtych et de l'Obi. En 552, son fils Moukankhan continue la lutte contre l'empire des Jéou-Jan, extermine la nation et soumet tout le pays compris entre la mer orientale et le Volga, poussant les autres nations hunniques sur l'empire des Slaves.

Ancien Continent en 561

(Voir les deux Atlas de France et d'Europe)

Afrique. — Partie de l'empire romain d'Orient.
Royaume d'Éthiopie, comprenant le royaume arabe d'Yémen.

Asie occidentale. — Royaumes arabes de l'Hedjaz, de Gassan, de Hira (Mondars).
Empire Sassanide de Perse.
Diocèses romains de Pont, d'Asie et d'Orient.
Empire des Yéta

Asie méridionale. — Royaumes Hindous.
Empire Tubétain de Thoufan.
Royaumes de Founam, de Nan-Tchao, de Siam, de Cochinchine.

Asie Orientale.—Nan-pé-Tchao.—Empire des Tchin.
Empire des Sianpi. — Petsi et Héou-Tchéou.
Empire du Japon, comprenant la Corée.

Asie septentrionale.— Royaume des Thou-kou-Hoën.
Empire d'Asséna ou des Thou-Kiu.

TITRE III

PÉRIODE DE 561 A 752

Cette période est remplie : 1° par la formation de l'empire des Arabes au détriment des Romains, des Sassanides et des Yéta; 2° par l'extension de l'empire du Thoufan aux dépens des Yéta et des Thou-kou-Hoën : 3° par l'unification de la Chine sur la dynastie des

Thang, et son extension par la chute des Thou-Kiu et des Yéta.

CHAPITRE PREMIER

Formation de l'Empire des Arabes — Dix événements (632-636-638-652-665-670-690-708-709-750)

1° En 632. — Mahomet, né à la Mecque, en 570, sous le règne d'Ommiah, conçoit l'idée de fondre en une seule les religions qui se partagent l'Arabie (Idolâtrie et Judaïsme). Chassé comme imposteur de sa ville natale, en 622 (date de l'hégire), il parvient cependant à unifier les royaumes de l'Arabie

2° En 636. — Son deuxième successeur, le Calife Omar, subjugue le royaume de Gassan et la Palestine, pour laquelle il ordonne le respect des lieux saints.

3° En 638. — Le même Omar prend la Syrie et la Mésopotamie, pendant que, en Afrique, son lieutenant Amrou s'empare de l'Egypte et de l'ancienne Cyrénaïque.

4° En 652. — Othman attaque la Perse, remporte sur le dernier Sassanide Yez-Dedjerd III la victoire de Nehavend et étend le califat jusqu'à la mer Caspienne.

5° En 665. — Sous le règne de Moaviah 1er, fils d'Ommiah, et qui fonda la dynastie des califes Ommiades de Damas, son lieutenant Ben-Hadidje soumet l'Afrique propre jusqu'à Carthage.

6° En 670. — Akbah, successeur de Ben-Hadidje complète la soumission du Maghreb ou Afrique occidentale.

7° En 690. — Pendant que le calife Abdel-Malek fait la conquête du Caucase, les Berbers, qui ont accepté la soumission se soulèvent sous les ordres du Maure Qouscilé et fondent un royaume indépendant, borné à l'est par la Cyrénaïque.

8° En 708. — Walid Ier, successeur d'Abdel-Malek, profite de la mort de Qouscilé et de l'avénement de la reine Qahina pour recommencer la conquête. En même temps la soumission de l'ancienne Bactriane étend les limites du califat jusqu'au Djihoun.

9° En 709. — Les frontières arabes sont assurées en Asie jusqu'à l'Halys, par la victoire de Walid Ier sur l'empereur grec Justinien II.

10° En 750. — Le cours de l'Europe nous a appris que l'empire arabe s'est introduit en Espagne par la victoire de Xérès, en 711, et que de là il s'est étendu jusqu'aux bassins du Rhône. Mais aussi un empire aussi grand ne peut subsister longtemps sans discussions, et en 750, Merwan II est attaqué et renversé par Aboul-Abbas, qui fonde la dynastie des Abbassides de Bagdad, et les Ommiades ne règneront plus que dans la partie européenne, qu'ils appelleront le califat de Cordoue.

CHAPITRE II

Formation de l'Empire des Thang et du Thoufan

Huit événements

(578-581-586-589-610-618-640-668)

1° En 578. — Les rivalités éclatent tout d'abord entre les deux empires Sianpi, dans le but de constituer chacun à son profit l'unité chinoise ; ce sont les Héou-Tchéou qui l'emportent et ne forment qu'un empire Sianpi.

2° En 581. — Les discordes intestines éclatent aussi

dans l'empire des Thou-Kiu; les hordes soumises par les descendants d'Assena secouent le joug : ce sont les Khirghiz, les Mongols et les Toungouses. Quant aux autres, elles se scindent et forment deux empires gouvernés par deux Khakhans indépendants l'un de l'autre et appelés Thoukhichi à l'ouest et Ouigours (Hoeïhou et Kaot-Chang) à l'est.

3° En 586. — Le premier ministre des Héou-Tchéou, Yan-Kian, profite de ces luttes pour imposer sa suzeraineté au Kakhan des Ouigours; puis il renverse l'empereur Héou-Tchéou et fonde la douzième dynastie des Souï.

4° En 589. — Les talents et l'énergie du premier Souï triomphent de la faiblesse de l'empire méridional et rendent à la Chine son unité et sa puissance.

5° En 610. — Les Souï étendent la domination chinoise jusque dans l'Asie moyenne à l'ouest, et dans l'archipel Liéou-Kiéou à l'est

6° En 618. — Les prodigalités et le despotisme des Souï leur cause le même sort qu'aux dynasties précédentes, et au milieu de l'anarchie s'élève la treizième dynastie des Thang.

7° En 640. — Les Thang, héritiers des talents et de la puissance des Souï, reculent les limites de leur empire jusqu'au Djihoun, en prenant aux Yeta le Mawarannahar ou ancienne Sogdiane, pendant que les Thoufan leur enlèvent le royaume de Khotan.

8° En 668. — La mer Jaune devient complétement chinoise, par la conquête de la Corée.

Empire des Thoufan. — Pendant le même temps, l'empire Tubétain du nord de l'Indo-Chine continue à assurer ses limites du nord. Déjà possesseur du Thibet, il serre de plus en plus les Thoukou-Hoën et les annexe à son territoire en 663.

CHAPITRE III

Ancien Continent en 752

France et Europe.

Royaumes de Nubie et d'Abyssinie.

Asie occidentale. — Partie asiatique de l'empire grec limitée par l'Halys.

Empire des Arabes. — Califat de Bagdad.

Asie méridionale. — Royaume du Thiantchu ou Hindoustan (royaume de Maghada).

Royaumes de Nan-Tchao, de Founam, de Siam, de Cochinchine.

Asie orientale. — Empire du Japon.

Empire des Thang.

Empire des Thoufan.

Asie septentrionale. — Peuples du nord. (Toungouses, Mongols, Khirgiz et Khazars.)

TITRE IV

PÉRIODE DE 752 A 843

Pendant que, en Europe, le royaume des Francs devient empire de Charlemagne, l'empire des Arabes a commencé à se scinder en deux califats : 1° en Europe. celui de Cordoue, restant sous la domination des Ommiades ; 2° en Afrique et en Asie, le califat de Bagdad gouverné par la dynastie des Abbassides. Mais ce dernier prend en Asie le maximum de son développement, lorsque Haroun-Al-Raschid arrive au califat, et, s'alliant avec les Thoufan, parvient à enlever aux Thang tout le Mawarannahar (792).

Mais aussi, au démembrement de l'empire carlovingien, correspond le démembrement du califat de Bagdad qui, dans cette période, va donner naissance à cinq royaumes africains fondés en 800, et à un royaume asiatique fondé en 822.

1° En Afrique, les gouverneurs se rendent indépendants les premiers, ce sont :

Les Méquinez, sur la côte occidentale du Maroc.

Edris-Ben-Edriss fonde la dynastie des Edrissites dans le Magreb-Aqssay, de Fez.

Tahart.

Tlemsan ou Tlemcen.

Ibrahim-Ben-Aglab fonde la dynastie des Aglabites dans le royaume de Quayrouan ou Maghreb-El-Ouasath.

2° En Asie, Thaher, général d'Haroun-Al-Raschid, parvient à faire monter sur le trône des califes, Al-Mamoun, qui lui donne le gouvernement du Khorassan. Mais, en 822, il se rend indépendant et fonde dans son royaume la dynastie des Tahérites.

Ancien Continent en 843

(Voir les deux Atlas de France et d'Europe)

Afrique. — Royaumes de Méquinez, de Fez, de Tlemcen, de Tahart, de Quayrouan.

Royaumes de Nubie, d'Abyssinie.

Asie occidentale. — Califat d'Orient ou de Bagdad.

Royaume du Khorassan ou de Taher.

Portion de l'empire grec limité par l'Halys.

Asie méridionale. — Hindoustan. — Empire de Maghada.

Royaume du Dekan.

Indo-Chine. — Empire de Nan-Tchao.

Royaumes de Founam, de Siam, de Cochinchine, de Malacco.

Asie orientale. — Empire du Japon.

Empire des Thang.

Asie septentrionale. — Peuples barbares du nord : (Toungouses, Mongols, Khirgiz et Khazars).

Asie centrale. — Empire du Thoufan.

TITRE V

PÉRIODE DE 843 A 987

Cette période est caractérisée en Europe par ce que nous avons appelé le système féodal. Le même caractère surgit dans le reste de l'ancien continent, où le morcellement s'effectue par la chûte des trois empires principaux des califes, des Thang et des Thoufan.

CHAPITRE PREMIER

Suite du démembrement de l'Empire des Arabes

L'exemple donné par les gouverneurs de l'Afrique occidentale et du Khorassan est bientôt suivi par les autres et donne lieu à onze événements : 855, 869, 872, 901. 902. 905. 909, 933, 935, 969, 975.

1° En 855. — Les provinces du Caucase s'affranchissent et deux royaumes se fondent en Géorgie et en Arménie.

2° En 869. — L'Égypte et la Syrie jusqu'à l'Orient sont enlevées à l'empire par le fils d'un esclave, Ahmed-Ben-Thouloun, qui fonde la dynastie des Thoulounides.

3° En 872. — Dans le royaume Thahéride du Khorassan, un aventurier, Yacoub-el-Soffar (Yacoub le Chaudronnier), se met d'abord au service des gouverneurs, les renverse, fait la conquête de toutes les provinces à l'est du Tigre et fonde la dynastie des Soffarides.

4° En 901. — Sur les côtes occidentales du golfe Persique, Hamdan dit Karmath veut réformer la religion mahométane, et fonde la secte religieuse des Karmates qui, pendant un siècle, ensanglante toute l'Arabie.

5° En 902. — Ismaël-el-Samani, gouverneur du Mawarannahar, attaque le dernier Soffaride, le renverse et fonde l'empire des Samanides.

6° En 905. — Les califes, affaiblis de plus en plus, veulent cependant arrêter le démembrement, et Moctafi-Billah, profitant des discordes de l'empire Thoulounide, parvient à reprendre l'Égypte et la Syrie.

7° En 909. — Obeïd-Allah, prétendant descendre de Fatime, fille de Mahomet, se fait passer pour le Mahadi (Messie annoncé par le Coran), renverse les Aghlabites du Magreb-el-Ouasath (Quairouan), et les Edrissites du Magreb-Aqsay (Fez), et fonde un royaume Fatimite.

8° En 933. — Les trois fils de Bouïah, pêcheur du

Dilem, province de l'empire des Samanides, parvenus au souverain pouvoir, s'emparent de Mossoul et fondent la dynastie des Bouïdes.

9° En 935. — Un turc, nommé Aboubekr-Mohammed-Ikschid soulève l'Egypte et la Syrie jusqu'à Damas et fonde dans ce royaume la dynastie des Ikschidites.

10° En 969. — Le troisième successeur fatamite d'Obeïd-Allah, Moëz Lédidillah, envahit l'Egypte, renverse le dernier Ikchidite et fonde le califat du Caire.

Mais en même temps Yousouf-Ben-Zeïri, gouverneur des deux Maghrebs, se rend indépendant des Fatamites, soumet Tahart et Tlemcen, en fait hommage au calife Ommiade de Cordoue.

11° En 975. — L'empereur grec Jean Ier Zimiscès, profite de tout ce morcellement de l'ancien califat, pour reprendre toute l'Asie-Mineure.

CHAPITRE II

Démembrement du Thoufan et de l'Empire des Thang Trois événements (907-909-960)

1° En 907. — Les révolutions renaissent dans l'empire des Thang; onze royaumes se forment, et cette dynastie fait bientôt place à la quatorzième des Héou-Liang.

2° En 909. — Tous les peuples du nord, soumis ou non se précipitent au milieu de cette anarchie et vont s'en partager les débris : les Ouigours orientaux s'emparent des deux versants de l'Altaï et fondent l'empire des Kaot-Chang ; les Ouigours occidentaux s'emparent du Bolour, refoulent les Tubétains jusqu'aux Thoufan proprement dit, et fondent l'empire des Hoeï-Hou entre la mer d'Aral, l'Irtych supérieur, les monts Inchan, le cours supérieur de l'Indus et le Sihoun ; enfin la tribu des Toungouses, les Khitan, prennent possession de toute la portion comprise entre le lac Baïkal, l'Amour, la mer orientale et l'Hoang-Ho.

3° En 960. — Toutes ces guerres civiles usent les empereurs de cinq dynasties qui paraissent et disparaissent tour à tour, jusqu'à ce que Tchao-Houang-Yu rétablisse l'unité dans toutes les provinces qui restent et fonde la dix-neuvième dynastie des Song, qui va occuper le trône pendant trois siècles.

CHAPITRE III

Ancien Continent en 987

Afrique. — Royaume de Nubie.
Royaume d'Abyssinie.
Royaume Zeïrite du Maghreb.
Califat du Caire.
Asie occidentale. — Royaume de l'Yémen.
Royaume de l'Hadramaout.
Royaume des Karmathes.
Royaume des Bouïdes.
Califat de Bagdad.
Empire Samanide de Perse.
Royaume d'Arménie.
Asie occidentale. — Royaume de Géorgie.
Asie-Mineure. (empire Grec)

} Débris de l'empire des Arabes.

Asie méridionale. — Hindoustan. — Empire de Maghada.

Royaume du Dekan.
Indo-Chine. — Empire du Nan-Tchao.
Royaume de Founam.
Royaume de Siam.
Royaume de Cochinchine.
Asie centrale. — Empire du Thoufan.
Empire des Hoeï-Hou. } Turcs
Empire des Kaot-Chang.
Asie orientale. — Empire du Japon.
Empire des Khitan.
Empire des Song.
Asie septentrionale. — Peuples Toungouses, Mongols et Khirgiz.

TITRE VI

PÉRIODE DE 987 A 1095

Cette période est remplie par la formation des trois empires.

Almoravides, en Afrique, 1050, 1069.
Ghaznevides, en Asie. 999, 1028.
Turcs Seldjoucides, 1037, 1055, 1068, 1080, 1085, 1095.

I. Afrique

En 1050. — Une tribu Maure de l'Atlas, conduite par son chef Ab-Dallah-Ben-Yasym, surnommé Al-Morabeth (le marabout, chef religieux) s'empare sur les Zeïrites du Maghreb-Aqsay et fonde la dynastie des Almoravides.

2° En 1069.—Son deuxième successeur Yousou-Ben-Taschfyn poursuit ces conquêtes et renverse l'empire Zeïrite, en s'emparant du Quairouan (Maghreb-el-Ouasath). C'est le même qui, en 1085, profite du démembrement du califat de Cordoue et du secours que lui demandent les Arabes, pour s'emparer de la Péninsule hispanique méridionale.

II. Empire des Ghaznevides

1° En 999. — Mahmoud, fils d'un esclave *turc* de Ghazna, et maître absolu de la partie orientale de l'Iran, profite de l'affaiblissement de l'empire des Samanides, et fonde en Perse la dynastie des Ghaznevides.

2° En 1028. —Il passe l'Indus, soumet le bassin de ce fleuve jusqu'à la Nerbuddah et fonde un empire compris entre le Djihoun, le Gange supérieur, la Nerbuddah, le golfe Persique et les côtes méridionales de la mer Caspienne,

III. Turcs Seldjoucides

1° En 1037. — Togrul-Bey, petit-fils de Seldjouk, chef d'une colonie des Hoeihou campé dans le nord du Khorassan et dépendant du ghaznevide Mahmoud, puis de son fils Mas'Oud, se révolte et s'empare du Mawarannahar et du Khorassan.

2° En 1055. — Togrul Ier continue ses conquêtes du côté de l'occident, chasse les Ghaznevides du plateau de l'Iran, s'empare des possessions des Bouïdes, et même de Bagdad, et étend la sultanie jusqu'au Bolour, au Béloutchistan, au golfe Persique, à l'Euphrate et au Caucase.

Il jette ainsi les fondements de l'empire des Seldjoucides, lequel va se diviser en cinq parties ou sultanies vassales de la sultanie principale d'Iran.

3° En 1068, Cadherd, neveu de Togrul Ier, et déjà établi par son oncle aux bouches du Chatt-El-Arab, étend les limites de la sultanie du Kerman aux dépens des Karmathes.

4° En 1080, Soliman, chargé par le sultan Melik-Shah de conquérir l'Asie grecque, force l'empereur Alexis Ier Comnène à lui abandonner toute l'Asie-Mineure et fonde la sultanie de Roum ou d'Iconium, bornée au sud par le Taurus.

5° En 1085, Toutoush, fils du sultan Melik-Schah, soumet à ses lois toutes les côtes de la Méditerranée au sud du Taurus et fonde la sultanie d'Alep.

6° En 1095, un fils de Toutoush fonde l'empire Seldjoucide de Damas, comprenant l'ancienne Syrie, entre l'Euphrate et la Méditerranée.

Ancien Continent en 1095

(Voir les deux Atlas de France et d'Europe)

Afrique. — Empire des Almoravides.
Empire des Fatamites.
Royaume de Nubie.
Royaume d'Abyssinie.

Asie occidentale. — Royaumes arabes (Karmathes, Yémen, Hadramaout).
Empire Seldjoucide. — Sultanie d'Iran ou de Perse.
Sultanie de Roum ou d'Iconium.
Sultanie d'Alep.
Sultanie de Damas.

Sultanie du Kerman.

Asie méridionale. — Empire des Ghaznevides.

Royaume de l'Hindoustan.

Royaume du Dekan.

Empire de Nan-Tchao (suzerainetés de Founam, de Siam, de Cochinchine).

Asie centrale. — Empire du Thoufan.

Empire des Ouigours Hoeï-Hou.

— Kaot-Chang.

Asie orientale. — Empire des Song.

Empire du Khitan.

Empire du Japon.

Asie septentrionale. — Peuples barbares (Toungouses, Mongols, Khirgiz, Khazars).

TITRE VII

PÉRIODE DE 1095 A 1270

Le cours spécial de l'Europe nous a fait voir que les souverains de l'Europe se sont émus de l'établissement de l'empire Seldjoucide, que la papauté a pris la direction de la résistance à opposer aux hordes asiatiques, et qu'enfin elle a lancé huit expéditions, appelées Croisades. Ce sont ces huit expéditions qui remplissent la période actuelle. Pendant le même temps trois empires nouveaux se forment en Asie, jusqu'à 1208; puis un quatrième empire aux dépens des trois précédents.

CHAPITRE PREMIER

1095 à 1270

Les quatre premières Croisades. — Formation des Trois Empires Asiatiques

1re *Croisade* (1096-1100). — Cette première expédition est heureuse : Jérusalem est prise en 1099, et la Syrie est érigée en royaume de Jérusalem, ayant pour roi le chef des Croisés, Godefroy de Bouillon.

2e *Croisade* (1147-1149). — Les efforts du sultan de Damas, pour anéantir le royaume chrétien obligent l'Europe de revenir en Syrie ; mais l'expédition n'aboutit à aucun résultat. Au même moment (1149), une tribu Maure de l'Atlas, celle des Almohades, se soulève contre les Almoravides, déjà affaiblis par les luttes contre les états Espagnols et s'empare de tout l'empire.

Dans l'empire Fatimite, Saladin, fils d'Ayoub, se fait remarquer par ses exploits contre les chrétiens, renverse le dernier Fatamite, s'empare de l'Yémen et fonde, en 1173, la dynastie des Ayoubites. Sous le règne de ce sultan, l'empire Ayoubite s'étend rapidement et, en 1187, la prise de Jérusalem lui donne le royaume chrétien.

3e *Croisade* (1189-1193). — L'Europe lève des armées nouvelles, mais la jalousie des empereurs de Constantinople empêche le succès.

4e *Croisade* (1202-1204). — Un nouvel effort est fait par tous les souverains ; mais on s'arrête à la prise de Constantinople, et l'empire Grec est remplacé par l'empire Latin, sous le règne de Baudoin, comte de Flandre.

Asie du Nord. — Les peuplades Toungouses et Mongoles, soumises aux Khitan se révoltent en 1115, sous les ordres d'un seul chef, Agoutha, qui prend le titre d'empereur. Les Khitan soutiennent la lutte; mais en 1123, grâce aux secours des Song, qui se reconnaissent ses vassaux, Agoutha parvient à s'emparer du trône et donne à sa dynastie le nom de Kin. — Les Khitan, chassés, se réfugient à l'ouest des Kirghiz, où ils fondent un empire appelé Si-Liao.

Asie centrale. — Dans la sultanie d'Iran, le turc Mohammed, gouverneur du Kharism (entre la mer Caspienne et le Djihoun Inférieur) se rend indépendant en 1097, s'empare du Mawarannahar et prend le titre de Kharism-Shah. Ses successeurs joignent à cet empire l'Aderbaïdjan; la Perse propre, le Si-Liao et l'Indus, et en 1208 l'empire du Kharism est compris entre l'Indus, le golfe Persique, le Tigre, la Caspienne, l'Oural et le Sihoun.

Asie méridionale. — L'empire Ghaznévide s'affaiblit devant les attaques des sultans d'Iran. Les gouverneurs en profitent, et l'un d'eux, l'Afghan Alaëdyn Hoçaïn se rend indépendant à Ghour en 1152. — Les successeurs s'emparent du bassin du Gange, et l'empire des Ghourides est compris, en 1176, entre le plateau de l'Iran, l'Himalaya et le Dekan; mais, en 1208, les Ghourides sont attaqués et détruits par le Kharism-Schah. Le gouverneur de l'Hindoustan, Cothbeddin, conserve les possessions indiennes et fonde l'empire de Dehli.

CHAPITRE II

1208 a 1270

Les quatre dernières Croisades. — Formation de l'Empire Gengiskhanide

5° *Croisade* (1217). — Une troisième tentative est faite par l'Europe, mais sans succès.

6° *Croisade* (1228-1229). — Une quatrième réussit et l'empereur d'Allemagne Frédéric II reprend Jérusalem en 1229.

7° *Croisade* (1248-1254). — En 1239 Jérusalem retombe au pouvoir des infidèles ; la papauté en appelle encore à l'Europe occidentale, et le roi de France saint Louis fait voile pour la Syrie. Mais la Syrie et l'Égypte ont changé de maître : l'empire Ayoubite, partagé après la mort de Saladin, est envahi par les Mamelucks (milice du Caucase fuyant les Mongols), dont le chef Noureddin se proclame sultan, en 1250, et l'armée des Croisés est obligée de revenir en Europe.

8° *Croisade* (1268-1270). — L'expédition est dirigée contre les infidèles d'Afrique, où les discordes intérieures divisent l'empire des Almohades en trois dynasties nouvelles, Saint Louis débarque à Tunis, et l'histoire nous apprend que la croisade est terminée par sa mort.

Empire des Mongols. — Pendant ce temps, l'anarchie divise toujours les empires de l'Asie orientale, les Kin résistent difficilement aux Song, qui veulent secouer le joug. Enfin, en 1206, Temoudgin, chef d'une des hordes Mongoles soumises aux Kin, réunit sous son autorité toutes les tribus Mongoles et Toungouses, se fait donner le titre de Tchinghiz-Khan (chef des chefs), et s'empare de l'empire des Kin, auquel il ne laisse que le Phouhaï.

En 1209 il porte ses armes jusqu'au Thoufan, détruit les royaumes des Ouigours, Kaot-Chang et Hoeï-Hou et impose sa domination aux Khirgiz. En 1219, la Corée est conquise. — En 1224, le Kharism, l'Arménie et la Géorgie reconnaissent ses lois, et en 1226, l'Europe est Mongole jusqu'aux bouches du Danube et aux frontières orientales de la Pologne.

En 1227, Gengis-Khan meurt, laissant quatre fils, qui se partagent l'empire Mongol :

1° Batou-Khan, fils de Tchouchi, reçoit le Kaptshak ou le Kanat de la Horde-d'Or (Europe et Khirgiz).

2° Djagat-Haï fonde au centre le royaume du même nom.

3° Touli prend la Perse (ancienne sultanie d'Iran).

4° Oktaï-Khan prend le titre de Kan suprême et reçoit tout l'ancien empire des Kin.

Sauf le deuxième Khanat, tous s'agrandissent :

1° La Horde-d'Or impose sa suzeraineté à la Pologne et à la Hongrie, et en 1240, elle est divisée en six kanats (cinq en Europe et un en Asie, appelé kanat de Touran ou de Sibérie, et donné en fief au prince Scheibani).

Le deuxième ne change pas.

3° Touli, kan de Perse, soumet la sultanie de Roum en 1240, et Mangou, son fils, s'empare de Bagdad en 1258. Les émirs seldjoucides se réfugient dans les montagnes du Taurus.

4° Oktaï-Khan soumet la Chine en 1235, ne laissant

aux Song que le territoire compris entre les fleuves Jaune et Bleu inférieurs, et fonde, sous le nom de Taït-Song la vingtième dynastie des Yuan. Son successeur étend bientôt en 1253, les limites de l'empire de Yuan jusqu'au golfe de Tonkinet à l'embouchure du Salouen, par la conquête du Nan-Tchao.

CHAPITRE III

Ancien Continent en 1270

(Voir les deux Atlas de France et d'Europe)

Asie. — Empire des Mongols. — Horde-d'Or.

Cinq Khanats d'Europe.

Khanat de Touran ou Sibérie.

Djagathaï.

Royaume des Yuan.

Royaume d'Iran.

Royaume des Kin.

Royaume des Song.

Empire du Japon.

Royaume de Cochinchine.

Royaume de Siam.

Royaume du Dekan.

Empire de Delhi.

Royaumes arabes.

Partie asiatique de l'Empire grec (rétabli en 1261).

Afrique. — Empire des Mamelucks.

Empire Almohade. — Ben-Hassi (Quairouan).

— Ben-Zian (Tahart et Tlemcen.

— Ben-Meirinites (Maroc).

Royaumes de Nubie et d'Abyssinie.

TITRE VIII

PÉRIODE DE 1270 A 1328

Cette période est remplie par quatre événements :

1° En 1279. — Le royaume des Yuan reçoit sa plus grande extension de Kublaï-Khan, petit-fils de Gengis-Khan, par la soumission complète des territoires conservés, soit par les Kin, soit par les Song, et la dynastie des Yuan est définitive avec Kublaï-Khan, qui prend le nom de Chi-Tsou.

2° En 1305. — Le royaume du Kaptchak ou Horde-d'Or, déjà suzerain de la Hongrie et de la Pologne, étend cette suzeraineté jusqu'en Russie, sous le gouvernement d'Uzbeck, qui commence une nouvelle dynastie.

3° En 1323. — L'Empire de Delhi parvient à son plus haut degré de puissance, par la soumission de toute la Péninsule

4° En 1326 commence l'Empire ottoman. Les émirs Seldjoucides, chassés dans les montagnes, par les Mongols de Perse, fondent sur les frontières de l'ancienne sultanie de Roum, quatorze petits royaumes, aux dépens des Empereurs grecs, auxquels ils ne laissent que Trébizonde. L'un d'eux, Othman (Briseur d'Or), lutte avec succès contre le dernier sultan Seldjoucide de Roum, s'agrandit aux dépens des treize royaumes, ses voisins, et commence la dynastie des sultans ottomans. Son fils et successeur Orkhan forme la milice turcque des janissaires et fait en 1328 la conquête de l'Asie-Mineure.

Ancien Continent en 1328

(Voir les deux Atlas de France et d'Europe)

Afrique. — Royaumes almohades. — Ben-Meirinites.
— Ben-Zian.
— Ben-Hassi.

Empire des Mamelucks.
Royaume de Nubie.
Royaume d'Abyssinie.

Asie méridionale. — Royaumes arabes.
Empire de Delhi.
Royaume de Siam.

Asie restante. — Empire du Japon.
Empire des Mongols. — Royaume des Yuan. Djagataï.
Kaptchak ou Horde d'Or (Khanat de Touran ou de Sibérie).
Royaume d'Iran.
Empire ottoman (Asie-Mineure).
Possessions de l'empire grec (Trébizonde).

TITRE IX

PÉRIODE DE 1328 A 1453

CHAPITRE PREMIER

Afrique

Les trois royaumes maures Almohades soutiennent une lutte constante les uns contre les autres; enfin en

1336, les Ben-Zian sont maîtres des Ben-Hassi; mais en 1347, ils finissent par être vaincus, et les Meirinites fondent l'empire du Maroc, qui comprend toute l'Afrique septentrionale jusqu'à l'ancienne Cyrénaïque.

A la fin de la période, c'est-à-dire au xve siècle, commencent les voyages des Portugais sur la côte occidentale. Les guerres soutenues en Europe par le comté de Portugal, depuis la décadence du califat de Cordoue, lui ont donné, comme nous l'avons déjà vu, les Algarves en 1253, et l'ont mis en rapports constants avec les rois maures. Le roi Jean Ier profite de la faiblesse des Meirinites pour les attaquer, et en 1415, le prince Henri le Navigateur, s'emparant de Ceuta, les Portugais ont un point d'appui sur la côte africaine. A partir de ce moment, le navigateur, favorisé d'ailleurs par Jean Ier, puis par Alphonse V l'Africain, va explorer les côtes de l'Océan. Ce sont surtout Gonzalès Zarco, Texeïra, Gillianez et Fernandez, et les découvertes nous font connaître Madère en 1419, les Canaries en 1424, les Açores en 1432, le cap Boyador en 1433, le cap Blanc et la baie d'Arguin en 1445; enfin le cap Vert en 1449. C'est alors que se fonde la Compagnie de commerce de Lagos, à laquelle le Portugal devra ses premiers établissements de la côte de Guinée.

CHAPITRE II

Asie Orientale

Le royaume des Yuan, agrandi et puissamment établi par Kublaï-Khan, est bientôt attaqué, à partir de 1294, date de la mort de son empereur, par tous les peuples soumis. Aussi les révoltes sont-elles presque constantes, et en 1368, sous le règne du dernier Yuan Choun-Ti, un chinois, nommé Chou, soulève toute la Chine contre les étrangers, expulse les Mongols, et prenant le titre de Taïssou fonde la vingt-et-unième dynastie des Ming

Dès lors, cinq royaumes surgissent de ce soulèvement :

1° Les Mongols ou Yuan du nord, conservant la partie septentrionale, à laquelle ils donnent le nom d'empire des Khalkas;

2° Les Kin, qui reprennent leur indépendance dans le bassin inférieur de l'Amour;

3° La Corée;

4° La Cochinchine, à laquelle s'unit le Tonkin;

5° L'empire des Ming qui, maître déjà du Nan-Tchao, conquiert le Thibet en 1373, la Cochinchine et le royaume de Siam en 1408; enfin, impose son autorité à Malacca en 1409.

CHAPITRE III

Asie Occidentale et Centrale

Cette période est caractérisée par : 1° le démembrement des empires de Dehli et d'Iran; 2° le démembrement du Djagataï, la formation et le démembrement du nouvel empire de Tamerlan.

§ I. Royaume d'Iran et Empire de Dehli

Le royaume d'Iran est disputé par les différents gouverneurs mongols dès la mort d'Houlagoukan; aussi sous le règne du faible Abou-Saïd, en 1336, le royaume se démembre et donne naissance à cinq états :

1° Empire des Ilkhaniens ; 2° empire Turcomans du Mouton-Noir ; 3° empire des Moddaffariens ; 4° empire des Sarbedariens ; 5° empire des Kourts.

Quant à l'empire Afghan de Dehli il se démembre aussi en 1340, et se rendent indépendants les gouverneurs de Kachmir, de Malvah, de Guzerate, de Bengale et des Bahmanis.

§ II. Empire de Tamerlan

Le royaume de Djagataï se divise de même après la mort de son fondateur en une foule d'états qui se font une guerre acharnée ; lorsque en 1360, Timour-Lenc descendant de Gengiskan, par sa mère, succède à son oncle Seïf-Eddyn, dans le gouvernement de Kech (Boukharie), mais sous la suzeraineté du Khan Toglouth-Timour. En 1363, le Khan mourant, Tamerlan soutient le beau-frère contre le fils, met à mort l'héritier de Toglouth, partage d'abord le pouvoir avec Hussein, et en 1370, il se brouille et se fait nommer Khan lui-même. Maître du Djagataï et aidé des Turcomans du Mouton-Blanc, le Khan boiteux soumet :

1° En 1381, les royaumes Sarbedariens et Kourts.

2° En 1393, les Modhaffariens, les Ilkaniens et le Mouton-Noir ;

3° En 1395, les Khanats Usbech d'Asie, en favorisant l'indépendance du Khan de Sibérie ;

4° En 1398, les débris de l'empire de Dehli, le Kachmir, Ormuz, le Belouchistan ;

5° En 1400, la Syrie ;

7° En 1402, la partie Asiatique de l'empire ottoman.

par la victoire d'Ancyre et par la mort du sultan Bajazet, et il se prépare à marcher contre la Chine, lorsqu'il meurt en passant à Otrar sur le Sihoun.

Cet empire est donc borné par l'Irtysh, l'Oural, la Caspienne, le Caucase, Trébizonde, la Méditerranée, l'Arabie, le golfe Persique, l'Indus, le Malvah, le Bengale, l'Himalaya et le Thibet ; et il comprend, outre les possessions directes de Tamerlan, les fiefs ottomans laissés aux fils de Bajazet, les pays du Caucase donnés au Mouton-Blanc.

§ III. Démembrement de l'Empire Timouride

La mort de Tamerlan est en 1405 le signal de la révolte dans toutes les provinces :

1° L'empire ottoman est relévé et fondé de nouveau par Mahomed II ;

2° Le royaume du Mouton-Blanc ;

3° L'empire du Mouton-Noir, dont le chef, Kara-Yousouf, renverse la dynastie Ilkhanienne, possède en 1420, le bassin du Chatt-El-Arab, et fonde un empire auquel Dgiham-Shah ajoute en 1452, la Perse et le Kerman ;

4° L'empire de Dehli, d'où se détache le royaume de Moultan, en 1450 ;

5° Les Khanats Ousbechs,

6° L'empire Mameluch reprend la Syrie et s'empare de l'Arabie septentrionale (Karmathes), de telle sorte que l'empire, sous le règne de Chah-Rokh, son plus jeune fils et son successeur ne se compose plus que du Djagataï, du plateau d'Iran et du Kachmir, et de la suzeraineté nominale du Mouton-Noir et du Mouton-Blanc.

CHAPITRE IV

Ancien Continent en 1453

(*Voir les deux Atlas spéciaux de France et d'Europe*)

Afrique. — Empire du Maroc.

Possessions portugaises (côte du Maroc au Cap Vert).

Empire mameluck.

Royaume de Nubie,

Royaume d'Abyssinie,

Asie méridionale. — Royaume d'Yémen.

Royaume d'Hadramaout.

Royaume d'Hedjaz.

Asie méridionale. — Royaume de Beloutchistan.

Royaume de Moultan.

Royaume de Malvah.

Royaume de Guzerate.

Empire des Bahmanis.

Asie occidentale. — Partie asiatique de l'empire ottoman.

Empire du Mouton-Blanc. } Vassaux des Timourides.

Empire du Mouton-Noir. } Vassaux des Timourides.

Empire Timouride.

Asie septentrionale, — Khanats Ousbechs.

Khanats de Sibérie.

Peuples Toungouses.

Empire des Yuan du nord ou Khalkas.

Asie orientale. — Empire des Ming.

Corée.

Empire des Kin.

Empire du Japon.

TROISIÈME PARTIE

TEMPS MODERNES

De 1453 à 1789

TITRE PREMIER

PÉRIODE DE 1453 A 1520

L'époque des temps modernes est marquée par cinq grands faits : 1° La chute de l'empire romain d'Orient, rendue définitive le 29 mai 1453, lorsque le sultan Mahomet II s'empare de Constantinople sur le dernier empereur Constantin XII Dracosès.

2° La révolution politique qui met fin aux dominations féodales et les remplace par la monarchie absolue.

3° La Renaissance, où les arts, les lettres, les sciences sont cultivées avec ardeur, et tirent le monde de l'ignorance barbare du moyen age.

4° La révolution religieuse, ou réforme, conséquence du développement causé par la précédente dans l'esprit d'observation et d'examen.

5° La révolution économique, due aux découvertes favorisant le commerce et résolvant le grand problème des relations constantes entre l'Orient et l'Occident, déjà tenté, comme nous l'avons vu, par Alexandre le Grand au IVe siècle avant Jésus-Christ.

C'est cette dernière surtout, qui doit nous occuper et nous amener, grâce à la découverte de la boussole, aux voyages qui nous feront connaître l'Orient et trouver un nouveau monde à l'Occident.

CHAPITRE PREMIER

Ancien Continent

Pendant que, en Europe se prépare et se forme l'empire de Charles-Quint, trois grands changements surgissent, soit dans l'Afrique septentrionale, soit dans l'Asie occidentale

§ I. Afrique Septentrionale (1468-1516)

1468. — L'empire du Maroc, ébranlé par les guerres civiles, se morcelle et donne naissance à cinq états, que l'on désigne sous le nom général d'États barbaresques, et qui se nomment le Maroc, Alger, Tlemcen, Tunis et Tripoli.

1516. — Ce démembrement est mis à profit : 1° par le nouveau royaume d'Espagne qui, maître en 1492 de la partie européenne appartenant aux Maures, parvient à prendre possession d'Oran et de Tripoli ; 2° par les pirates de la Méditerranée qui, sous la conduite de Horuc Barberousse, font d'Alger le centre de leurs excursions.

§ II. Asie Occidentale (1468-1510-1517)

1468. — Dgiham-Shah veut réunir à l'empire des Turcomans du Mouton-Noir les possessions du Mouton-Blanc ; mais ses efforts sont inutiles, et il échoue devant la résistance d'Huzun-Hassan. Celui-ci non-seulement sauve l'empire du Mouton-Blanc, mais encore poursuit ses agresseurs, leur enlève tous leurs domaines, s'empare du Khoraçan et de toute la Perse et étend sa domination depuis le Caucase et le Taurus jusqu'à Ormuz et le Djihoun Inférieur.

1510. — Ce nouvel empire, resserré entre les Timourides, les Ouzbecks et l'empire ottoman est bientôt affaibli par ses luttes contre ces trois états, et les révoltes s'ensuivent. La principale est celle d'Ismaël Sophi, gouverneur du Chirvan, qui prend le titre de shah, renverse la dynastie régnante et fonde celle des Sophis de Perse, qui refoule les Ouzbecks au-delà du Djihoun.

1516. — Mais il ne put résister aux attaques ottomanes. Celles-ci, dirigées par le sultan Sélim Ier, ont pour résultat d'abord la conquête de l'Arménie, puis celles de l'Arabie septentrionale, de la Syrie et de l'Egypte.

CHAPITRE II

Découvertes des Portugais (1486-1498-1500-1511)

La découverte de la boussole, due à Flavio Gioja d'Amalfi, en 1302, a permis déjà aux navigateurs de s'aventurer loin des côtes, et nous avons vu les Portugais pousser des reconnaissances jusqu'au Cap-Vert.

Les voyageurs continuent leur route vers le sud. Le golfe de Guinée est exploré et l'on peut remarquer que, l'Afrique se courbant vers l'Orient, il est possible d'espérer d'arriver par mer aux Indes.

1486. — Deux gentilshommes, Payva et Covillam, se rendent par terre en Abyssinie, et Barthélemy Diaz arrive au cap des Tempêtes, que le roi Jean II préfère appeler cap de Bonne-Espérance.

1498. — Vasco de Gama, instruit par le compte rendu du voyage de Covillam, part avec une flotte, double le Cap, explore la côte orientale de l'Afrique, et, après une route de 700 lieues, débarque à Calicut, sur la côte du Malabar.

1500. — Alvarez Cabral, jeté par hasard loin des côtes occidentales, lors d'un voyage au Cap, découvre à l'ouest une terre qu'il nomme Côte de Saint-Croix ou Brésil (braza, nom de certains bois qui fournissent une teinture rouge). Puis, revenant sur la route des Indes, établit les premiers comptoirs de Malabar.

1511. — De la mer d'Oman, les Portugais poussent bientôt leurs explorations dans le golfe du Bengale, atteignent Malacca et Sumatra, où ils rencontrent les empires de la Malaisie (Achem, Bornéo, Demak et Ternate) et obligent le roi d'Achem de leur céder Padang.

CHAPITRE III

Le Nouveau Continent Espagnol

(1492-1493-1497-1498-1501-1518)

Pendant ce même temps, les voyageurs espagnols prennent la direction de l'ouest. Le Génois Christophe Colomb, amené à supposer dans l'autre hémisphère l'existence d'un continent destiné à faire contre-poids à l'ancien, demande d'abord au roi d'Angleterre, Henri VII, puis à la régente de France, Anne de Beaujeu, enfin au roi de Portugal, Jean II, une flotte que ces trois souverains lui refusent. Enfin, en 1492, trois navires lui sont accordés par la reine Isabelle de Castille, et un premier voyage le conduit, le 11 octobre, à Guanahani, qu'il nomme San-Salvador.

1493. — Un second voyage lui montre les Antilles.

1498. — Enfin, deux derniers voyages lui font découvrir l'embouchure de l'Orénoque et le continent américain où il rencontre le royaume des Muyscar, capitale Tunja.

Mais il n'a pas eu l'honneur de donner son non au monde découvert, et cet honneur a été donné au négociant florentin Américo Vespucci qui, marchant sur les traces de Colomb, a pu explorer la côte méridionale de la mer des Antilles.

1497. — Les navigateurs se lancent dès-lors dans les voyages; on veut explorer tout ces pays nouveaux; les Vénitiens Jean et Sébastien Cabot arrivent au Vinland des anciens pirates scandinaves, l'appellent Baccaléo ou Terre-Neuve.

1501. — Le Portugais Gaspart Cartéréal complète les découvertes précédentes par celles du Saint-Laurent et de la presqu'île, qu'il nomme terre de Labrador.

1518. — Enfin, les côtes du golfe du Mexique sont atteintes, et Griljalva rencontre les peuplades des Natchez de l'empire d'Anahuac, capitale Tenochtitlan (Mexico), pendant que Balboa, découvrant des hauteurs de Panama l'océan Pacifique, explore le sud où il se heurte contre l'empire des Incas. C'est de cette époque que date le premier voyage autour du Monde, tenté par le Portugais Magellan (1519).

CHAPITRE IV

Le Monde en 1520

(Voir les deux Atlas spéciaux de France et d'Europe)

Afrique. — Royaumes du Maroc, de Tlemcen. d'Alger, de Tunis.

Possessions espagnoles d'Oran et de Tripoli.

Royaume de Nubie.

Royaume d'Abyssinie.

Côtes portugaises.

Asie occidentale. — Royaumes arabes (Yémen, Hadramaout, Nedjed).

Empire ottoman.

Empire des Sophis ou Perse.

Khanats Ouzbecks.

Asie méridionale. — Etats indépendans de l'Indoustan, résultant du démembrement de l'ancien empire Afghan de Dehli et de l'ancien empire des Bahmanis.

Asie orientale. — Empire des Ming.

Empire du Japon.

Corée.

Les Kin.

Asie septentrionale. — Toungouses.

Mongols orientaux ou Khalkas.

Mongols occidentaux ou Éleuthes-Kalmouks.

Océanie. — Royaume d'Achem.

Royaume de Bornéo.

Royaume de Demak.

Royaume de Ternate.

Amérique. — Empire d'Anahuac.

Royaume des Muyscars.
Empire des Incas.
Araucaniens.

Possessions Portugaises

Afrique. — Côtes occidentales et orientales, Ceuta, île Saint-Laurent.
Asie — Aden, Moka, Ormuz, côte de Malabar, Ceylan, Malacca.
Océanie. — Padang, Nouvelle-Guinée.
Amérique. — Côte de Saint-Croix. Rio de la Plata, Labrador.

Possessions Espagnoles

Afrique. — Oran, Tripoli.
Amérique. — Les Antilles.

Possessions Danoises

Groenland.

TITRE II

PÉRIODE DE 1520 A 1610

CHAPITRE PREMIER

Empire Ottoman

Le cours de l'Europe nous a déjà montré que cette période est remplie par la lutte entre les rois de France et l'empire de Charles-Quint.

Ce dernier est resserré entre la France à l'ouest et les possessions ottomanes de l'Europe orientale. Delà, une alliance naturelle entre François 1er, puis Henri II et le sultan Soliman le Magnifique, alliance qui facilite le traité de Cateau de Cambrésis (1559), et dont les Turcs profitent pour attaquer les domaines impériaux d'Afrique, pendant qu'ils disputent au même empereur la possession de la Hongrie.

Trois faits: 1527, 1535, 1574 :

1° En 1527. — Tripoli est enlevé à l'Espagne, en même temps que Aireddin Barberousse, frère et successeur d'Horuc, s'empare au nom de Soliman de tous les états barbaresques.

2° En 1535. — Charles-Quint dirige une expédition pour reprendre les possessions enlevées et parvient à reprendre Tunis et Tripoli, pendant que le gouverneur du Maroc, Mahomet, prend le titre de chérif et fonde l'empire actuel du Maroc.

3° En 1574. — Mais les Turcs reviennent en 1574, et réunissent définitivement à leur empire Tripoli, Tunis, Alger et Tlemcen, qui cependant conservent leurs deys nationaux.

Quant à leur empire d'Asie, les Ottomans continuent à l'étendre par deux faits : 1538, 1587.

En 1538. — La conquête de l'Yémen par Soliman, donne aux Turcs toute la côte orientale de la mer Rouge,

En 1587. — Le sultan Amourat III profite de la faiblesse des Sophis pour leur enlever les provinces occidentales jusqu'au bassin du Chatt-El-Arab.

CHAPITRE II

Formation de l'Empire du Grand-Mogol

En Europe, la décadence de la Horde-d'Or commence par le grand-duc de Moscou, Iwan III, en 1481, et finit en 1556, lorsque le premier czar de Russie, Iwan IV, s'empare des khanats de Kazan et d'Astrakan, et que le sultan Soliman devient maître de la mer Noire, par la soumission des Nogaïs et de la petite Tartarie. L'ancien empire Mongol du Kaptchak n'existe donc plus qu'en Asie, où les Gengis-Khanides Ouzbechs ne conservent que les khanats de la mer d'Aral, et encore sont-ils serrés de près par les Russes, lorsque, en 1580, le cosaque Iermak s'empare de Sibir, réunissant ainsi le Touran ou Sibérie occidentale aux domaines d'Iwan IV.

C'est de cet affaiblissement de la Horde, que les Timourides profitent pour se relever et pour constituer au sud un nouvel empire Mongol.

Trois événements principaux : 1530, 1538, 1599.

1° 1530. — Zeïreddyn-Mohammed-Babour, petit-fils de Tamerlan et gouverneur de Kaboul, s'empare d'abord des khanats de l'Iran, et fonde l'empire du Grand-Mogol, par la conquête du Moultan et de Dehli.

2° 1538. — Son fils et successeur Houmayoun réunit au territoire impérial l'Hindoustan occidental (Malvah, Gudjérate, Sindhy).

3° 1599. — Akbar Ier continue l'extension de ses limites jusqu'à l'Himalaya et au golfe du Bengale, par la conquête du Kachmir, du Bengale et du Dekan septentrional, laissant indépendants les royaumes de Népaul, de Boutan et d'Assam.

CHAPITRE III

Formation du système colonial Européen

§ I. *Espagne et Portugal (1520-1580)*

Les découvertes continuent rapidement, dirigées toujours par le Portugal et par l'Espagne.

En Afrique. — Le Portugais Mascarenhas atteint et explore l'archipel de l'Océan Indien, auquel il donne son nom.

En Asie. — Le roi de Portugal, Albuquerque a cédé à ses successeurs la possession de :

1° La côte de Malabar, dont le centre est Goa;

2° Les golfes Persique et Arabique, par Ormuz et Moka ;

3° Le golfe de Bengale et la route de l'Orient asiatique, par l'occupation de Ceylan et de Malacca.

La possession de l'Orient est assurée par l'occupation de Nangasaki (1549) et de Macao (1580), qui établissent les relations commerciales avec le Japon et avec la Chine.

En Océanie.— Les Célèbes sont portugaises en 1525, et les Philippines reçoivent leur nom du roi d'Espagne, Philippe II, en 1567.

En Amérique. — Les rapports ne s'établissent que par des conquêtes ; à part le Brésil qui, d'abord lieu de déportation, est bientôt colonisé, en 1534, par les Portugais ; le reste du Nouveau-Monde est disputé par les Espagnols aux indigènes du centre, et la lutte donne lieu à trois événements principaux : au Mexique, au Pérou, au Chili.

1° *Mexique.*— Fernand Cortez, lieutenant de Velasquez, gouverneur de Cuba, est chargé de la conquête. En 1519, il débarque au port de la Vera-Cruz, marche sur Ténochtitlan et s'empare de l'empereur Montézuma. Les Mexicains se révoltent, sous les ordres de Guatimozin, neveu du précédent, et la conquête s'achève en 1521, par la victoire d'Otumba et le massacre des indigènes.

2° *Pérou et Chili.* — Pizarre et Almagro suivent les traces de Balboa, laissent Bénalcazar soumettre les Muyscas et entrent dans le royaume des Incas. L'anarchie règne dans ce dernier, et la couronne est disputée par Huascar et Mahualpa, fils du dernier Inca Huana Capac. Les discordes, puis la mort des deux rivaux rendent la conquête facile, et en 1533, le Pérou devient province espagnole. Le Chili se soumet à Almagro en 1535, et les pays conquis vont former la vice-royauté du Pérou.

Les deux empires espagnol et portugais sont donc fondés et vont s'appeler les Indes occidentales et les Indes orientales. Ils sont séparés par une ligne de démarcation que trace le pape sur le Globe, et passant par les Açores.

Mais en 1580, lorsque le roi d'Espagne, Philippe II, s'empare de la couronne de Portugal, après la mort du cardinal Henri, les deux empires n'en forment plus qu'un et appartiennent à l'Espagne.

§ II. *France, Hollande et Angleterre*

Pendant la même époque, les contrées septentrionales de l'Amérique, non convoitées par l'Espagne, sont explorées par les autres puissances maritimes de l'Europe occidentale. La France, surtout, où commencent les rivalités religieuses, lance des colons sur la côte de l'Atlantique et s'installe à New-York, dans l'Acadie, dans Terre-Neuve, dans la Caroline, et enfin dans le bassin inférieur du Saint-Laurent, où se fonde la Nouvelle-France.

Mais en 1580, lorsque s'établit le grand empire colonial Espagnol, les causes de décadence apparaissent : l'éloignement des Colonies, le désordre de l'administration, le monopole de la couronne, l'exploitation exclusive des métaux précieux, absence de commerce réel, inquisition et dépopulation des indigènes ; et à ces causes se joindront désormais : 1° la rivalité des Hollandais contre l'Espagne ; 2° l'intervention des marines française et anglaise dans une colonisation plus rationnelle, et s'appuyant sur le commerce et l'agriculture. Les Hollandais donnent le signal et étendent en Amérique la lutte d'indépendance qu'ils soutiennent en Europe contre leurs nouveaux maîtres de 1556. C'est ainsi qu'ils prennent possession des Petites-Antilles en 1580, de l'île Maurice en 1599. Enfin, marchant sur les brisées des Portugais en Océanie, ils prennent le sud de Bornéo en 1607, s'établissent sur les côtes du continent Australien, qu'ils nomment Nouvelle-Hollande, et s'emparent de Java en 1608.

L'Angleterre laisse ses émigrants s'établir dans la Virginie en 1584, mais aussi lance ses explorateurs sur la route des terres arctiques, où Davis, en 1585 et Hudson, en 1610, découvrent les mers qui portent leurs noms. Enfin, en 1591, elle enlève à l'Espagne la Trinité.

La France, enfin, consolide ses établissements coloniaux, d'un côté, sur la côte septentrionale du Brésil, où apparaît la Guyane (1607), d'un autre pour la fondation de Québec, par Samuel Champlain, en 1608; d'un troisième enfin, en Afrique, par l'installation d'un comptoir dans l'île Dauphine (Madagascar) en 1602.

Navigateurs. — Le Français Jacques Cartier, en 1534.

L'Anglais Raleigh, en Virginie, en 1584.

L'Anglais Drake, au nord-ouest de l'Amérique, en 1580.

Le Hollandais Barentzen, dans l'Océan glacial, en 1596.

CHAPITRE IV

Le Monde en 1610

(Voir les deux Atlas spéciaux de France et d'Europe)

Afrique. — Empire du Maroc.

Algérie (dey indépendant depuis 1601).

Deys vassaux de la Turquie (Tunis, Tripoli),

Afrique. — Royaume de Nubie.

Royaume d'Abyssinie.

Peuples Gallas.

Asie occidentale. — Empire ottoman.

Royaume de Perse.

Béloutchis indépendants.

Asie méridionale. Arabie. — Royaume d'Hadramaout.

Royaume du Nedjed.

Hindoustan. — Empire du Grand-Mogol.
Royaumes indépendants du Dekan.
id. de l'Himalaya.

Indo-Chine —id. de Aracan, Mian, Pegou, Siam, Cochinchine,

Asie orientale. — Empire du Japon.
Empire des Ming.
Corée.

Asie septentrionale. — Les Kin.
Les Toungouses.
Les Mongols (Khalkas et Kalmouks).
Les Oubzechs et Khirgiz.
Asie russe.

COLONIES EUROPÉENNES

	ESPAGNE-PORTUGAL	FRANCE	HOLLANDE	ANGLETERRE	DANEMARCK	ÉTATS INDÉPENDANTS
AFRIQUE . . .	Oran et Ceuta. Côtes occidentales et orientales.	Ile Dauphine.	Maurice.			
ASIE	Aden-Ormuz. Côte de Malabar. Ceylan, Carnatic Malacca, Macao. Nangasaki.					
OCÉANIE . . .	Padang. Célèbes. Philippines.		Bornéo sud. Java. Nouvlle-Hollande Nouvelle-Guinée occidentale.			Roy. d'Achem. » de Bornéo » de Ternate.
AMÉRIQUE . .	Vice-Royauté du Mexique. Vice-Royauté du Pérou. Grandes-Antilles. Bermudes.Brésil.	Nouvelle France. Guyane.	Petites-Antilles.	Virginie. Trinité.	Groenland.	Patagons.

TITRE III

PÉRIODE DE 1610 A 1661

CHAPITRE PREMIER

Ancien Continent

Cette période représente : 1° en France le règne de Louis XIII, et la régence d'Anne d'Autriche pendant la minorité de Louis XIV, par conséquent la deuxième lutte soutenue par la France, Richelieu et Mazarin contre les débris de l'empire de Charles-Quint, c'est-à-dire contre l'empire d'Allemagne ou maisons autrichiennes et contre le royaume d'Espagne ; 2° en Europe, par la puissance de la Suède, parvenue à son plus haut degré. L'Europe récolte donc les changements territoriaux des deux traités de Westphalie et des Pyrénées, qui étendent la France au nord-est et au sud, tout en proclamant l'affranchissement du Portugal, de la Suisse et des Provinces-Unies ou Hollande; enfin des traités de Copenhague, d'Oliva et de Khardis, qui font de la mer Baltique, pour ainsi dire, un lac suédois.

En Asie. — C'est la décadence de l'empire Ottoman, des Ouzbecks et de la dynastie des Ming — L'empire Ottoman, porté à son apogée par Soliman le Magnifique et par Murat III, est bientôt attaqué par le Sophi Abbas Ier le Grand, qui lui enlève toutes ses conquêtes ; mais aussi se relève un instant sous le sultan Amurat IV, lequel, recommençant la lutte contre la Perse, impose à Séfi ou Sophi II, roi de Perse, le traité de 1638, par lequel les deux empires reçoivent leurs limites actuelles.

Au nord. — Trois faits : 1640, 1644, 1660 :

1° En 1640. — Les czars de Russie, déjà maîtres de la Sibérie propre en 1580, étendent leur domination jusqu'à la mer d'Okhotsk.

2° En 1644. — Sous l'influence de cette extension russe, les khans Ouzbecks ne peuvent résister aux incursions et révoltes de peuples nomades de la mer d'Aral, et sont resserrés dans leurs khanats du Mawarannahar.

3° En 1660. — Les Mongols-Kalmouks ou Éleuthes se divisent en quatre tribus : 1° les Torgoouts, qui émigrent vers le Volga et acceptent l'autorité des czars ; 2° les Durbets, qui viennent se joindre aux Khirgiz ; 3° les Dzoungars et les Khochotes, qui restent dans les vallées de l'Altaï et commencent l'empire des Éleuthes, lorsque Tchougar, leur chef commun, fait la conquête du Kanat ou Khamil.

A l'Est. — Deux événements, 1616, 1644 :

1° En 1616. — Les peuples Kin restés, depuis Gengiskhan et ses successeurs, dans les provinces du nord de la Chine, se réunissent sous les ordres d'un de leurs chefs, Taïtsou, qui impose son autorité aux nations Toungouses du Stanovoï, et qui donne à ces hordes réunies le nom de Man-Tchou (région très-peuplée).

2° En 1644. — Taïtsou commence, contre l'empire des Ming, une lutte de vingt-huit années, que ses successeurs continuent ; et son troisième successeur, Chun-Tchi, renversant le dernier Ming, fonde la dynastie Mantchoue ou des Taïtsing, aujourd'hui régnante, et prend le nom de Taïtsou-Kao-Hoang-Ti.

CHAPITRE II

Colonies Européennes

La décadence de l'ancien empire colonial espagnol continue au profit des puissances maritimes de l'Europe, même après l'affranchissement du Portugal.

En Afrique. — 1° La Hollande prend possession de la Côte-d'Or en 1638, et du Cap en 1652.

2° La France fonde sa colonie de Bourbon en 1642.

En Asie. — 1° Les Danois s'emparent de Tranquebar, sur la côte du Carnatic, en 1616.

3° Les Anglais s'établissent à Surate et à Cambaye en 1618, à Madras en 1638, à Bombay et à Calcutta en 1660.

3° Les Hollandais enlèvent Nangasaki en 1640, Malacca en 1641, Ceylan en 1656 et Négapatam en 1660.

En Amérique. — 1° Les Anglais continuent leurs explorations de l'Océan Arctique, sous la direction de Baffin, en 1616, et s'établissent dans les Bermudes, en 1612, dans les Petites-Antilles, Barbarde, Montserrat et Antigoa, en 1632, et dans la Jamaïque, en 1655.

2° Les Hollandais ont pris le Brésil en 1624, leurs Petites-Antilles actuelles en 1638, mais ont rendu le Brésil en 1654.

3° Les Français ont fondé leurs colonies en 1638 dans les Petites-Antilles (Saint-Christolphe, la Dominique, Sainte-Lucie, Saint-Vincent, Tabago, Grenade, Grenadilles).

Outre ces acquisitions faites par l'Europe aux dépens de l'Espagne et du Portugal, quelques établissements nouveaux se sont fondés en Océanie :

1° Les Espagnols se voyant enlever le Portugal, en 1640, conservent, en Afrique, les Canaries, Ceuta et Annobon et s'établissent, en 1652, en Océanie, dans les archipels des Mariannes et des Carolines.

2° Les Hollandais imposent leur autorité en Océanie, au royaume d'Achem et s'emparent de la côte nord-est de Sumatra (1625), puis prennent possession de la Nouvelle Terre de Van-Diémen (1642) et de la Nouvelle-Zélande.

Enfin des changements surviennent. résultant des rivalités entre les nouvelles métropoles en Amérique.

1° La Suède est parvenue, en 1638, à fonder quelques comptoirs sur la portion de la côte appelée aujourd'hui Delaware, New Jersey et Pensylvanie et en a formé la Nouvelle-Suède.

2° La Hollande, établie à New-York en 1614, attaque la Suède, lui prend ses établissements et fonde, en 1655, la Nouvelle-Belgique.

3° L'Angleterre laisse les émigrants fuir les persécutions des Stuarts et choisir les territoires de New-Hampshire et de Massachussets (1620), de Maryland (1633), de Connecticut (1635), de Rhode-Island (1638), et prend la Guyane anglaise à la France en 1654.

Navigateurs. — Hollandais : Lemaire, au sud de l'Amérique, 1616, et Tasman, en Océanie, 1644.

Le Français Cavelier de la Salle, en Louisiane, 1682.

CHAPITRE III

Le Monde en 1661

(Voir les deux Atlas spéciaux de France et d'Europe)

Afrique. — Empire du Maroc.
Algérie.
Beys vasseaux de l'empire ottoman.
Royaume de Nubei.
— d'Abyssinie.

Asie occidentale — Empire ottoman.
Perse ou royaume des Sophis.
Béloutchis.

Asie méridionale. — *Hindoustan.* — Empire du Grand-Mogol.
Royaumes indépendants du Dekan.
Nepaul, Boutan, Assam.

Indo-Chine.— Aracan, Mian, Pegou, Siam, Cochinchine, Tonkin.

Arabie. — Hadramaout, Hedjaz.

Asie orientale. — Empire du Japon.
Empire des Man-Tchou.

Europe septentrionale. — Toungouses, Khalkas.
Kalmouks orientaux.
Durbet, Khirgiz, Turcomans, Ouzbecks.

POSSESSIONS COLONIALES

	ESPAGNE	PORTUGAL	FRANCE	HOLLANDE	DANEMARK	ANGLETERRE	ÉTATS INDÉPENDANTS
AFRIQUE..	Oran, Ceuta. Canaries. Annobon.	Côtes.	Ile Dauphine Bourbon.	Maurice. Le Cap. Côte-d'Or.			Maures, Touaregs. Tibbous. Yolofs, Soudan. Gallas. Hottentotie, Cafrerie.
ASIE		Aden. Malabar. Macao.		Ceylan. Négapatnam. Malacca. Nangasaki.	Tranquebar.	Surate. Cambaye. Bombay. Madras. Calcutta.	
OCÉANIE..	Philippines. Mariannes. Carolines.	Padang. Célèbes.		Bornéo sud. Java. Sumatra est. Molluques. Nlle Guinée occidentale. Nlle Hollande. Tasmanie. Nlle Zélande.			Royaume d'Achem. Royaume de Bornéo.
AMÉRIQUE	V.-R. Mexique Pérou. Grands Antilles	Brésil.	Nlle France. Guyane. Ptes Antilles	Ptes Antilles actuelles. Nlle Belgique.	Groenland.	Virginie. Trinité. Côte Atlantique Guyane.	Patagonie.

TITRE IV

PÉRIODE DE 1661 A 1721

CHAPITRE PREMIER

Colonies Européennes

En Europe, les événements de cette période sont :

1° En France, les traités qui, signés sous Louis XIV, assurent à la France ses frontières du nord-est, et l'alliance de l'Espagne, par l'avénement des Bourbons.

2° La décadence de la Suède au profit de la Russie (traité de Nystadt).

3° L'extension de l'Allemagne du côté de l'ouest et du sud aux dépens de l'Espagne.

4° Enfin, la naissance de la politique anglaise, par l'avénement de Guillaume III, de Hollande. Aussi ces événements, surtout ceux de l'Europe occidentale, ont-ils nécessairement pour résultats les changements dans les différents systèmes coloniaux. Prenons pour époque les cinq grandes guerres soutenues par la France :

Pendant la première guerre, finissant à 1668.

La France prend à l'Espagne en 1664 la moitié de Saint-Domingue ou Hispaniola, pour en former sa colonie d'Haïti. — En même temps elle assure ses possessions du Sénégal; mais aussi elle perd les deux Carolines, où les Anglais s'établissent en 1662.

La Hollande continue ses acquisitions aux dépens du Portugal; en 1663, Cochin fournit un centre sur la côte de Malabar, et en 1668 tous les établissements portugais de Sumatra et des Célèbes tombent au pouvoir des Hollandais. Mais aussi l'Angleterre est jalouse de cet établissement de Cochin, et si l'on se rappelle les motifs qui ont poussé Louis XIV à attaquer l'Espagne, on se souviendra que les alliés de cette Espagne étaient éloignés de la lutte par une guerre qu'ils s'étaient déclarés. C'est cette guerre qui se termine en 1667, par la paix de Bréda, d'après laquelle l'Angleterre prend la Nouvelle-Belgique à la Hollande et s'empare de la Guyane.

Pendant la deuxième guerre, finissant en 1679, peu de chose, la France lutte contre la première coalition de l'Occident; elle parvient cependant à fonder Pondichéry et Chandernagor (1672-1676), pendant que l'Angleterre prépare la route des Grandes-Indes, par l'occupation de Sainte-Hélène.

Pendant la troisième guerre, finissant en 1697, la France répare la perte des Carolines par l'acquisition de la Louisiane et du Mississipi, 1683; l'Angleterre s'assure un premier point d'appui en Océanie par l'occupation de Bencoulen, profitant de ce que la Hollande a chassé le Portugal de la Malaisie, où il ne conserve que la moitié de Timor.

Pendant la quatrième guerre, finissant en 1713, la France lutte contre une troisième coalition dans le but de donner le trône d'Espagne à Philippe V. L'Angleterre se fait l'âme de cette coalition, et aux possessions de Gibraltar et de Minorque, elle ajoute, en 1713, Terre-Neuve, le Labrador, l'Acadie, Saint-Christophe, laissant le Portugal s'emparer de la Guyane française, et la France enlève Maurice aux Hollandais.

Enfin, pendant la cinquième guerre, finissant en 1720, l'Angleterre profite de la coalition formée par le

Régent contre l'Espagne, pour s'approprier les Lucayes (1718).

CHAPITRE II

États de l'Ancien Continent

Quatre événements principaux (1683-1687-1709-1720)

1° 1683. — Les Mongols orientaux Éleuthes, déjà possesseurs de tout l'Altaï, depuis la conquête de Kamil, par Tchongar, s'emparent des khanats de Khotan et de Kachgar, puis attaquent les Khalkas. Mais ceux-ci appellent à leur secours les Mantchous, qui les sauvent de leurs ennemis, et les obligent à se reconnaître leurs vassaux.

2° 1687. — L'empire du Grand-Mogol atteint son plus haut degré de puissance, sous le règne d'Aureyng-Zeib, dont les victoires assurent ses frontières occidentales contre les Persans, qui conquièrent les royaumes de Bidjapour et de Golconde, et porte les limites de son empire jusqu'aux Ghattes.

3° 1709. — L'empire des Sophis, déjà affaibli par les attaques de l'est, est, en outre, travaillé par les guerres civiles. Merwaïs, gouverneur Afghan, se révolte contre le Sophi Hussein et lui enlève le Kandahar et le Khoraçan.

4° 1720. — Dans l'Asie septentrionale, le czar Pierre-le-Grand, déjà en possession de la Baltique par la paix de Nystadt, étend sa domination dans le Kamtshaka et jusque dans l'archipel des Kouriles.

C'est à ce moment, enfin, que les empereurs de Chine reconnaissent officiellement le Thibet, sous la souveraineté du Dalaï-Lama, chef de la religion.

CHAPITRE III

Le Monde en 1721

(Voir les deux Atlas spéciaux de France et d'Europe)

Afrique. — Empire du Maroc.
Algérie.
Beys, vassaux de l'empire ottoman.
Royaume de Nubie.
Royaume d'Abyssinie.

Asie occidentale. — Empire ottoman.
Empire des Sophis.

Asie centrale. — Empire des Afghans.
Ouzbecks, Turcomans, Khirgiz.
Empire des Eleuthes.

Asie méridionale. — Béloutchis.
Empire du Grand-Mogol.
Royaume de Maïssour.
Royaumes indépendants de l'Indo-Chine.

Asie orientale. — Empire du Japon.
Empire des Mantchous.

Asie septentrionale. — Asie russe.

COLONIES EUROPÉENNES

	ESPAGNE	PORTUGAL	FRANCE	HOLLANDE	DANEMARK	ANGLETERRE	ÉTATS INDÉPENDANTS
AFRIQUE..	Ceuta. Canaries. Annobon.	Côtes.	Sénégal. Ile Dauphine Bourbon. Maurice.	Le Cap. Côte-d'Or.		Ste-Hélène.	Maures, Yolofs. Touaregs. Tibbous. Soudan, Darfour. Kordofan. Gallas. Hottentotie, Cafrerie.
ASIE		Aden. Goa-Diu. Macao.	Pondichéry. Chandernagor	Cochin. Ceylan. Négapatnam. Malacca. Nangasaki.	Tranquebar.	Surate. Cambaye. Bombay. Madras. Calcutta. Bencoulen.	
OCÉANIE..	Pilippines. Mariannes. Carolines.	1/2 Timor.		Sonde. Bornéo sud. Célèbes. Molluques. Nlle Guinée N. Nlle Hollande Tasmanie. Nlle Zélande.			Royaume d'Achem. Royaume de Bornéo.
AMÉRIQUE	V.-R. Mexique Grenade. Pérou. Grands Antilles	Brésil. Guyane.	Nlle France. Ptes Antilles Haïti.	Ptes Antilles. Guyane.	Groenland.	Labrador. Terre-Neuve. Acadie. Nll. Angleterre Bermudes. Lucayes. Jamaïque. Ptes Antilles.	Patagonie.

TITRE V

PÉRIODE DE 1721 A 1789

CHAPITRE PREMIER

Ancien Continent jusqu'à 1743
Cinq événements principaux en Asie
(1722-1727-1732-1736-1738)

1° 1722. — La révolte de l'Afghan Merwaïs continue sous la direction de son fils, Mir-Mahmoud. Ce dernier profite de la mort de Hussein pour s'emparer d'Ispahan, pendant que Thamasp, fils de Hussein, se fait couronner à Téhéran.

2° 1727. — Cette anarchie est mise à profit par le sultan Ahmed III, qui répare les traités de Carlowitz, 1699, et de Passarowitz, 1718, en enlevant à la Perse la Géorgie, l'Arménie, l'Aderbaïdjan et le Kourdistan.

3° 1732. — Mais Nadir-Kouli, soldat de Thamasp, renverse d'abord Mir-Mahmoud, puis le Sophi Abbas et se fait proclamer souverain des deux empires, sous le nom de Nadir-Shah.

4° 1736. — Il attaque aussitôt l'empire ottoman, bat le sultan Mahmoud Ier, et lui impose le traité d'Erzeroum, qui rétablit les limites antérieures.

5° 1738. — Puis, il tourne ses projets du côté du sud, où l'empire du Grand-Mogol, en décadence depuis la mort d'Auzeng-Zeyb, 1707, se trouve démembré et partagé entre les Radjahs, Mahrattes, Radjepoutes, Nizam, et il fait la conquête du Beloutchistan, et entre même à Delhi, qu'il saccage.

CHAPITRE II

Événements de 1743 à 1789 dans les Royaumes d'Asie

§ I. *Partie Centrale*

1743. — La mort de Nadir-Shah laisse son empire disputé entre les royaumes. Ahmed-Shah, chef des Afghans Douranys enlève à ces derniers l'ancien territoire Afghan, fondé par Merwaïs, en 1709, et fonde lui-même, la dynastie douranyenne.

1761. — Laissant Kérym-Khan reconstituer l'unité de l'empire persan, il attaque les provinces du sud, que les Mahrattes ont réunies, et il parvient à leur enlever Kachmir, le Pendjab et Moultan.

1783. — Son fils Timour-Shah continue par la soumission du Sindhy et donne à l'empire Afghan douranyen sa plus grande étendue.

§ II. *Hindoustan*

1743. — Les débris de l'empire du Grand-Mogol se sont répartis entre l'empire des Mahrattes et l'empire du Nizam, et cette situation va faciliter l'intervention des puissances européennes, et surtout de la France.

1760. — Le royaume de Mysore, resté indépendant du Grand-Mogol, franchit les Ghattes, s'étend dans le Carnatic, et le sultan Hayder-Ali, appuyé par la France, parvient à soumettre tout le Decan méridional.

§ III. *Partie Occidentale*

L'empire Ottoman s'affaiblit de plus en plus : attaqué par la Russie et l'Autriche, au nord-est et sur la mer Noire, il est obligé, comme on l'a déjà vu, de signer le traité de Kainardji. De même, en Asie, l'influence russe s'étend jusqu'au Caucase lorsque, en 1783, David, gouverneur des provinces, se reconnaît vassal des czars. Les révoltes sont dès lors nombreuses et l'Iman d'Yémen se déclare indépendant. L'Arabie ressent elle-même le contre-coup de ces dissensions : en 1745, le royaume de Mascate se fonde et l'Iman prend, en outre, possession de Socotora et de la côte africaine jusqu'au Zanguebar.

En 1780, les autres royaumes du Nedjed et de l'Hadramaout se réunissent sous la direction de Mohammed-Ebn-Abd-El-Wahab, qui fonde la dynastie des Wahabites.

§ IV. *Partie Orientale*

Chine. — La dynastie Mandchoue s'affermit de plus en plus et anéantit, en 1759, les attaques des Mongols Éleuthes, après une lutte de treize années.

Indo-Chine. — 1° En 1778. — Les trois frères Taysour réunissent le Tonkin et la Cochinchine.

2° En 1783. — Le birman Alhompra, du royaume de Mian, soumet le Pégou et l'Arracan, et l'Indo-Chine ne contient plus que quatre royaumes.

CHAPITRE III

Possessions Européennes

Les puissances maritimes du nord de l'Europe essaient d'établir des colonies :

1° En 1736. — Les Danois, déjà maîtres de l'Islande et du Groenland, font coloniser, par les frères Moraves, les Petites-Antilles, Sainte-Croix, Saint-Jean, Saint-Thomas.

2° En 1741. — La Russie, possédant les côtes du Kamtchaka, traverse le détroit de Behring et fonde un premier comptoir à Koliak.

3° En 1784. — La Suède s'établit aux Antilles dans l'île Saint-Barthélemy.

Mais les changements surviennent surtout dans les empires coloniaux des puissances occidentales : France, Espagne et Angleterre. Ces changements proviennent de ce que l'on a expliqué déjà de la politique anglaise en 1713, et peuvent être considérés comme les résultats de six faits : 1735, 1748, 1754, 1763, 1783, 1788.

1° En 1735. — L'Angleterre étend son influence de deux côtés : dans le fond du golfe de Mexique, par l'établissement de Balize, qu'elle impose à l'Espagne, en même temps que le vaisseau de permission de Porto-Bello ; de l'autre, par l'acquisition de la Géorgie, qui recule au sud les limites de la Nouvelle-Angleterre.

2° En 1748. — L'issue favorable de la lutte contre l'Espagne inspire à l'Angleterre le projet d'étendre son empire colonial d'Amérique aux dépens de la Nouvelle-France. Son influence sur le gouvernement français nous amène à participer à la guerre contre l'Autriche, et nos colonies, dépourvues de secours, sont attaquées. Mais, en Asie, deux agents français, l'un, Dupleix, gouverneur de Pondichéry, l'autre, Labourdonnays, gouverneur de Maurice et Bourbon, intervenant habilement dans les affaires intérieures de l'Inde, jettent les bases d'un nouvel empire français. L'Angleterre inquiète fait terminer la première guerre de sept ans par le traité d'Aix-la-Chapelle, qui annule les conquêtes.

3° En 1754. — Les manœuvres de Dupleix et de Labourdonnays nous ont donné toute la côte du Carnatic et des Circars; il faut aviser : Dupleix et Labourdonnays sont rappelés en France et remplacés par un nouvel agent, Godeheu, qui signe le traité de Madras, abandonnant toutes nos acquisitions.

4° En 1763. — Les craintes de l'Angleterre se sont évanouies en Asie; elle peut reprendre ses projets sur l'Amérique et nous lance dans une guerre de sept ans sur terre et sur mer. Le Pacte de Famille nous donne l'alliance de l'Espagne; mais l'issue de la lutte n'en est pas moins favorable aux Anglais, et le traité de Paris enlève :

1° A la France : toute la Nouvelle-France, la Dominique, Saint-Vincent, Tabago, Grenade, les Grenadilles et le Sénégal, en Afrique.

2° A l'Espagne : la Floride, en échange de laquelle l'Angleterre lui remet la Louisiane occidentale.

5° En 1783. — La situation de la France ne peut inquiéter l'Angleterre en Asie; celle-ci intervient à son tour dans les dissensions indiennes et prend possession des Circars, d'Orissa, du Bengale et de Bahar (1764). Elle prend même, en 1771, les Malouines, que l'Espagne et la France ont tenté de rendre prospères. Mais les acquisitions nouvelles, faites depuis 1754, lui ont imposé de lourds sacrifices; elle veut y faire participer les colonies d'Amérique, et treize de ces dernières refusent les contributions qui leur sont imposées. La révolte éclate en 1776; la France et l'Espagne interviennent, et le traité de Versailles, proclamant l'indépendance des treize États-Unis, rend à l'Espagne la Floride, et à la France le Sénégal.

6° En 1788. — Les pertes précédentes sont à réparer. L'Angleterre tourne dès lors ses regards, d'abord vers l'Asie, où elle s'assure les colonies danoises de Tranquebar, et hollandaises de Négapatnam, puis vers l'Océanie, où elle envoie un premier convoi de déportés qui, sous les ordres du capitaine Philipps, fonde, sur la côte de la Nouvelle-Hollande, le premier établissement de Port-Jackson, dans la baie de Botany-Bay.

Navigateurs. — Les Russes et le Danois Behring, 1741.

Les Anglais : Anson, 1745; Wallis, 1768; Cook, 1776; Bars, 1798.

Les Français : Bougainville, 1766; La Pérouse, 1795; d'Entrecasteau, 1793.

CHAPITRE IV

Le Monde en 1789

(Voir les deux Atlas spéciaux de France et d'Europe)

Afrique. — Empire du Maroc.
Algérie.
Royaume de Nubie.
Royaume d'Abyssinie.

Asie occidentale. — Empire Ottoman.
Perse.

Asie centrale. — Empire Afghan Douranyen.
Khanats Ouzbecks.
Turcomans et Khirgiz.

Asie méridionale. — Arabie. — Wahabytes.
Iman d'Yémen.
Iman de Mascate.

Hindoustan. — Royaume Mahrattes.

Nepaul, Aoude, Boutan, Assam.

États du Nizam.

Royaume de Maïssour ou Mysore.

Asie méridionale. — *Indo-Chine.* — Empire Birman.

Royaume de Siam.

Cambodge.

Cochinchine.

Asie orientale. — Empire de Chine.

Empire du Japon.

COLONIES

	ESPAGNE	PORTUGAL	FRANCE	SUÈDE
AFRIQUE	Ceuta, Canaries. Fernando Po. Annobon.	Côtes et Iles.	Sénégal. Dauphine. Mascareignes.	
ASIE		Aden, Goa. Diu, Macao.	Pondichéry. Chandernagor. Karikal, Mahé.	
OCÉANIE	Philippines. Mariannes. Carolines.	1/2 Timor.		
AMÉRIQUE	Mexique. Guatémala. Nouv. Grenade. Caracas. Pérou. Chili. Buénos-Ayres. Cuba, Porto-Rico Saint-Domingue. Floride. Chihuahua. Louisiane.	Brésil. Guyane.	Haïti. Pet. Antilles.	St-Barthélemy

EUROPÉENNES

DANEMARK	HOLLANDE	ANGLETERRE	ÉTATS INDÉPENDANTS
	Le Cap. Côte-d'Or.	Sainte-Hélène.	Maures, Touaregs, Yolofs. Tibbous, Soudan. Gallas, Hottentotie. Mascate (Zanguebar).
	Cochin, Ceylan. Malacca. Nangasaki.	Côte de l'Hindoustan.	
	Sonde, Bornéo. Célèbes, Molluques. Nouvelle Guinée. Nouvelle Hollande. Nouvelle Zélande. Tasmanie.	Bencoulen. Port Jackson.	Royaume d'Achem. Royaume de Bornéo.
Groenland. Sainte-Croix. Saint-Jean. Saint-Thomas.	Antilles. Guyane.	Nouvelle Bretagne. Bermudes. Lucayes. Jamaïque. Antilles. Balize. Malouines.	13 États-Unis. Amérique russe. Patagonie.

QUATRIÈME PARTIE

ÉPOQUE CONTEMPORAINE

1789 à nos jours

TITRE PREMIER

PÉRIODE DE 1789 A 1815

CHAPITRE PREMIER

États indépendants de l'Europe

Les états indépendants en Asie sont en complète décadence, et cette dissolution est favorable à l'intervention européenne.

Perse.— Les guerres civiles qui ont suivi la mort de Nadir-Shah, en 1743, durent jusqu'en 1794, moment où Aga-Mohammed-Khan fonde la dynastie des Kadjars, actuellement régnante.

Afghan. — Timour-Shah meurt en 1793, les révoltes éclatent aussitôt : le Béloutchistan, le Cachmir, le Lahore se déclarent indépendants, et les Seiks s'emparent du Pendjab.

Peuples du Centre. — Discordes constantes, jusqu'à ce que, en 1808, le chef Ouzbeck Mohammed-Rahim asservisse tous les peuples nomades ou non, et fonde le Khanat de Khiva

Indo-Chine. — Guerre entre tous les royaumes : 1° l'empire birman, vainqueur du roi de Siam, lui enlève Tenasserim, 1793 ; 2° le roi de Siam, à son tour, attaque et soumet les états du nord de Malacca ; 3° le dernier descendant des rois de Cochinchine, Caoung-Choung, renverse les frères Taysour, soumet le Cambodge et fonde, en 1795, l'empire d'Annam.

Amérique. — La nouvelle république fédérative des États-Unis se consolide et s'accroît des états de Vermont (1791), Kentucky (1792), Tenessée (1796), Ohio (1802) ; donc dix-sept états.

CHAPITRE II

Possessions Européennes

Les événements concernent l'extension de la Russie et de l'Angleterre et la décadence de l'empire espagnol.

Russie. — Elle s'étend en Asie, à l'ouest et à l'est de la mer Caspienne, à la faveur des discordes persanes et ouzbecks : 1° en 1808, elle impose la vassalité aux hordes des Khirgiz ; 2° en 1812, pendant qu'elle enlève aux Ottomans les côtes de la mer Noire jusqu'aux bouches du Danube, elle enlève aux kadjars de Perse la Géorgie, le Chirvan et le Daghestan.

Angleterre. — Le royaume britannique, rendu inattaquable par sa situation, veut la prépondérance maritime. Il y arrive de deux manières, intervention directe et rapide dans l'Inde, lutte contre l'Europe. Dans l'Inde, la dissolution lui fournit la route à suivre.

1° En 1798. — Tippoo-Saïb, sultan du Mysore, toujours allié de la France, et n'attendant que le succès de l'expédition française d'Egypte, attaque ; mais il est battu et tué dans sa capitale, Seringapatam, et le Mysore devient anglais.

2° En 1803. — Débarrassé du Maïssour, les Anglais recherchent les alliances des Radjahs, Nababs et Soubab, et ces alliances leur donnent la possession du Carnatic, du Malabar et du Guycovar, ainsi que le protectorat du royaume de Nizam.

L'intervention peut, dès lors, continuer avec certitude, il faut la débarrasser de tout obstacle extérieur ; or on n'a à craindre ni le Portugal, ni l'Espagne, ni la Hollande, ni le Danemark, ni la Suède, dont les marines sont inférieures ; ni les autres puissances continentales de l'Europe, puisqu'elles sont de toutes les coalitions dont on est l'âme, et la lutte va continuer contre la France, de 1792 à 1815, comme autrefois, de 1741 à 1763. Pendant cette lutte, on s'étend en Amérique, dans l'archipel Quadra et dans la Colombie, et on s'arroge l'empire des mers par le droit de visite. Les puissances neutres forment une ligue pour anéantir ce droit ; mais le czar Paul Ier, chef de la ligue, est assassiné, et Copenhague est bombardé ; d'ailleurs, les coalitions contre la France se succèdent bientôt sans interruption, et les traités de 1815 donnent à l'Angleterre : 1° en Asie, Cochin et Ceylan ; 2° en Afrique, la Sierra-Léone et l'Ascension, le cap Maurice et les Seychelles, qui assurent la route des Indes ; 3° en Amérique, Sainte-Lucie et la Guyane ; 4° en Océanie, la Tasmanie.

Empire espagnol. — C'est dans l'Amérique espagnole le moment de la révolte générale. L'exemple des colonies anglaises des Etats-Unis, de la possession française de Haïti, érigée en république en 1804, joint aux mouvements imprimés au monde par la révolution française, amène l'explosion. En 1808, l'insurrection éclate sur tous les points, à la faveur de l'invasion de l'Espagne par les Français, et de cette insurrection, qui va durer quinze années, résulte l'indépendance de Buénos-Ayres, ou Provinces-Unies du Rio de la Plata, 1810; de la capitainerie générale de Caracas ou Confédération du Vénézuéla, 1811 ; de la vice-royauté de la Nouvelle-Grenade, ou Confédération de la Nouvelle-Grenade, 1811.

Explorateurs. — L'anglais Mackensie, dans l'Amérique septentrionale, 1793; l'Espagnol Quadra et l'Anglais Vaucouver, sur les côtes occidentales de l'Amérique du nord, 1792.

CHAPITRE III

Le Monde en 1815

(Voir les deux Atlas spéciaux de France et d'Europe)

Afrique. — Empire du Maroc.
Algérie.
Royaume de Nubie.
Royaume d'Abyssinie.

Asie occidentale. — Empire ottoman.
Perse.

Asie centrale. — Afghanistan.
Béloutchistan.
Khanats Ouzbecks.

Asie méridionale. — Hindoustan, Nepaul, Boutan, Aoude, Assam, Cachemire, Lahore, Pendjab Moultan, Sindhy, Scindiah, Pounah, Nagpour, Nizam, Indo-Chine, Birmanie, Siam, Annam.

Asie orientale. — Empire du Japon.

Empire de Chine.

COLONIES

	ESPAGNE	PORTUGAL	FRANCE	SUÈDE
AFRIQUE. . .	Ceuta Canaries.	Iles et Côtes	Sénégal.	
	Fernandopo.		Dauphine.	
	Annobon.		Bourbon.	
ASIE		Aden-Goa.	Pondichéry, Karikal	
		Diu-Macao.	Chandernagor, Mahé.	
OCÉANIE. . .	Philippines.	1/2 Timor.		
	Mariannes.			
	Carolines.			
AMÉRIQUE. .	Mexique.	Brésil.	Antilles.	St Barthélemy
	Guatemala.	Guyane.	St-Pierre-Miquelon.	
	Perou.			
	Chili.			
	Cuba, Porto-Rico			
	Saint-Domingue.			
	Floride.			
	Chihuahua.			
	Louisianne.			

EUROPÉENNES

DANEMARK	RUSSIE	HOLLANDE	ANGLETERRE	ÉTATS INDÉPENDANTS
		Côtes-d'Or.	Ste-Hélène, Ascension.	Maures, Touaregs, Tibbous, Fellatahs.
		Natal.	Sierra-Léone, Le Cap.	Mandingues, Achantis, Dahomey, Benin.
			Maurice, Seychelles.	Soudan, Hottentots, Cafres, Gallas.
Trinquebar.	Sibérie, Transcaucasie	Malacca.	Coromandel, Ceylan.	
		Nangasaki.	Malabar.	
		Sonde, Borneo.	Bencoulen.	Royaume d'Achem.
		Célèbes Moluques	Port-Jackson.	Royaume de Bornéo.
		Nlle-Hollande.	Tasmanie.	
		Nlle-Zélande.		
		Nlle-Guinée.		
Groenland.	Alaska.	Antilles.	Nlle Bretagne.	17 États-Unis.
Ste-Croix.			Bermudes.	Haïti.
St-Jean.			Colombie, Quadra	Patagonie.
St-Thomas.			Lucaye, Jamaïque	Provinces-Unies du Rio de la Plata.
			Antilles, Balize.	Confédération du Vénézuela.
			Malouines.	Confédération de la Nouvelle-Grenade.
			Guyane.	

TITRE II

PÉRIODE DE 1815 A NOS JOURS

Cette période est caractérisée par trois grands faits :

1° Extension des états indépendants, aux dépens de des empires coloniaux dans l'Afrique orientale, dans l'Asie occidentale et dans l'Amérique.

2° Extension des empires coloniaux aux dépens des états indépendants, dans l'Afrique septentrionale, dans l'Asie, dans l'Océanie et dans l'Amérique.

3° Voyages et explorations.

CHAPITRE PREMIER

États Indépendants en Afrique, Asie et Amérique

AFRIQUE ET ASIE

Quatre événements (1820-1823-1830-1834)

L'empire ottoman voit ses possessions d'Europe lui échapper et passer successivement, soit à l'Angleterre (îles Ioniennes), soit à la Russie ; celles du Danube, devenir indépendantes, sauf tribut, celles du sud, former le royaume de Grèce. Cet affranchissement continue en Égypte.

En 1820. — Le gouverneur Mehemet-Ali s'étend au sud pour son propre compte, par la conquête du Kordofan.

En 1823. — Par celle de la Nubie.

En 1830. — Il secoue le joug, se déclare indépendant

et fait reconnaître sa vice-royauté héréditaire. Cette indépendance gagne les beys de Tunis et de Tripoli.

En 1834. — Il attaque le sultan Mahmout II et ambitionne les provinces ottomanes de l'Asie ; la victoire de Konieh lui donne la Syrie et Adana, et la soumission de Médine et de la Mecque lui assure les côtes arabiques de la mer Rouge. Mais l'intervention armée de l'Angleterre en faveur de la Turquie annule, en 1841, les conquêtes méditerranéennes.

Au sud de l'Afrique, deux états indépendants (la république de l'Orange et celle du Transwaal) sont établis par les Boërs hollandais qui, expulsés du Cap en 1815, sont venus se réfugier dans la Cafrerie.

AMÉRIQUE

L'empire colonial espagnol continue sa décadence. Au nord, le Mexique secoue le joug sous la direction de Iturbide, et en 1821, ce dernier fonde un empire. Mais cet empire ne dure que jusqu'en 1824, époque où s'établit le gouvernement républicain. Enfin, en 1836, le Texas se détache et forme une république indépendante qui entrera, en 1848, dans la confédération des Etats-Unis.

Au centre, les possessions de l'isthme forment, en 1824, la république fédérative de l'Amérique centrale. Mais cette fédération se dissout en 1839, et donne naissance aux cinq républiques de Guatelama, Honduras, Nicaragua, San-Salvador et Costa-Rica.

Au sud. 1° les deux confédérations du Vénézuéla et de la Nouvelle-Grenade unissent leurs efforts et forment, sous la direction de Bolivar, les États-Unis de

Colombie. En 1828 elles se séparent de nouveau et forment trois républiques appelées Vénézuéla, Équateur et Nouvelle-Grenade. Enfin, en 1860, la république de la Nouvelle-Grenade prend le nom d'États-Unis de Colombie.

2° Le Pérou forme de même une république qui dure de 1821 à 1828. A cette époque, la scission commence et le Haut-Pérou devient la république de Bolivie. Quant à celle du Chili, elle se sépare à son tour en 1844.

3° Les Provinces-Unies du Rio de la Plata se scindent de leur côté, en 1826, et deviennent les trois républiques actuelles (Argentine, Paraguay et Uraguay).

4° Les Grandes-Antilles suivent le mouvement et l'ancienne Hispaniola, déjà formée en république d'Haïti, pour la portion française, devient république dominicaine en 1844, pour la partie orientale.

5° Le Brésil imite l'exemple des états espagnols, et en 1822, il se détache du Portugal et donne le nom d'empereur à Don Pédro, le fils du roi de Portugal.

Au nord, la république fédérative des États-Unis, composée de dix-sept états en 1815, voit entrer successivement dans son sein les états ou territoires, au fur et à mesure qu'ils échappent à la domination espagnole. Quant au territoire d'Alaska, elle l'a acheté à la Russie, en 1867.

CHAPITRE II

Extension des Empires Coloniaux en Afrique et en Asie

Dans l'ancien continent, trois empires s'étendent. Ce sont l'Angleterre, la Russie et la France, et cette extension amène surtout, entre les deux premières puissances, une rivalité dont le début est le monopole du commerce entre l'Occident et l'Orient. Cette rivalité comprend trois phases : 1° Progrès des deux puissances en Asie, de 1815 à 1830 ; 2° commencement de rivalité de 1830 à 1863 ; 3° situation de cette rivalité en 1876.

I. *Progrès des Anglais et des Russes de 1815 à 1830*

La Russie, déjà maîtresse de l'Europe, et de l'Asie septentrionale, depuis le Pruth, la Prosna, le Niémen et le Waranger, jusqu'à la mer d'Okhotsk, profite de la décadence de tous les empires du sud (ottomans, persans, ouzbecks et chinois), pour reculer ses limites de ce côté ; en 1828, elle est arrivée à prendre l'Arménie septentrionale par le traité de Tourmanchaï. L'Angleterre tient de son côté à affermir son influence sur les débris de l'empire du Grand-Mogol, à s'assurer toutes les côtes de l'Océan indien, à s'approprier le monopole du commerce des Indes, dont la route lui est garantie par les possessions d'Afrique (archipel Tristan-d'Acunha, 1817). En 1818, Holkar, Pounha et le protectorat des Radjepoutes lui sont acquis ; 2° En 1822, elle enlève aux Hollandais toutes leurs possessions de la presqu'île de Malacca et s'empare, en outre, de Singapour, 1824 ; 3° 1825, elle déclare la guerre à l'empire Birman, remporte la victoire de Promé et lui impose le traité d'Yandabo qui, en 1826, lui donne toute la côte du golfe de Bengale.

II. *Commencement des rivalités (1830-1863)*

La rivalité va commencer sur tous points dans l'Asie centrale, en Chine et en Syrie. Étant donnés les intérêts des Anglais dans l'Asie méridionale et l'état d'affaiblissement dans lequel se trouvent les territoires du nord de l'Hindoustan et de l'Asie centrale, l'extension de la Russie vers le plateau central et vers l'Afghanistan, ne peut être pour eux que préjudiciable, et leur plus grand intérêt leur commande d'opposer au czar la barrière ottomane d'Asie, en soutenant la Porte dans ses autres possessions d'Europe ou d'Afrique.

En 1830, le sultan Mahmoud II, déjà dépouillé de la Grèce et même de la Roumanie, de la Serbie et du Monténegro, depuis 1829, est attaqué par son sujet, le pacha d'Égypte, Mehemet-Ali. En 1838, la Russie est alliée de la Perse, et le shah de Perse vient mettre le siége devant Hérat, clef des routes qui font communiquer par terre l'Europe et l'Asie centrale Enfin, en 1839, l'empereur de Chine défend dans le céleste empire l'usage de l'opium. En présence de ces trois événements, l'Angleterre arme ses flottes : une première entre dans le golfe Persique et oblige le shah de Perse, Mohammed, de lever le siége d'Hérat ; une deuxième soutient Mahmout contre Mehemet-Ali ; mais la convention de 1841 reconnaît la vice-royauté d'Égypte héréditaire ; enfin, une troisième flotte arrive jusqu'à Nankin et impose à l'empereur Tao-Kouang le traité de Nankin, qui donne à l'Angleterre l'archipel Hong-Kong.

De ces faits, deux conséquences : 1° Pour l'Angleterre, hâter le plus possible la possession de l'Hindoustan et de l'Asie méridionale ; empêcher la réalisation des projets de la Russie sur la Turquie et la Perse. Tourner à son profit, sinon arrêter, les résultats du percement de l'isthme de Suez, dont les puissances européennes agitent déjà la question.

Aussi : 1° Elle s'établit et se fortifie d'abord à Socotora, en 1835, puis à Aden, en 1839, aux îles Mouah en 1840 ; enfin, à Perim, en 1857, elle est maîtresse de la mer Rouge ; 2° Les états de l'Hindoustan se soumettent (Mahrattes ou Seicks), en 1844 et 1849, les Danois sont chassés de Tranquebar et Serampour, en 1846, et seuls, le Népaul et le Boutan lui échappent ; 3° Consolidant les colonies d'Afrique par la prise de Natal, en 1856, et d'Albreda, près de la Gambie, en 1857, elle se tourne du côté de l'Afghanistan. Les Russes, en effet, voulant réparer l'échec de 1838, se préparent à marcher sur Hérat par les déserts des Khirgiz et, en 1841, une première tentative est faite par eux ; mais elle échoue : l'armée de Paskiewiz ne peut résister ni aux fatigues d'un désert de deux cents lieues, ni aux rigueurs de l'hiver.

C'est alors que, assurant son influence sur le Béloutchistan, l'Angleterre conçoit le projet de s'approprier Hérat, en intervenant dans la querelle des deux prétendants au trône de Caboul. Elle soutient l'un d'eux, Shah-Shoudjah, renverse l'adversaire Dost-Mohammed, 1840, et Caboul est occupée par une armée anglaise Mais, en 1841, les Afghans se révoltent : les Anglais sont chassés ou exterminés, et Dost-Mohammed rentre à Caboul.

L'insuccès des deux côtés, reçoit rapidement un commencement de réparation : une deuxième armée russe marche sur Khiva et s'en empare en 1854 ; quant aux Anglais, ils signent une alliance avec Dost-Mohammed et, en 1863, Hérat est occupée par une garnison anglaise.

III. *Situation de la rivalité en 1876*

La Russie continue ses expéditions contre les Khanats Ouzbecks et, en 1873, elle devient maîtresse du Khokand; elle marche donc à la conquête de la mer Caspienne, comme de la mer Noire, et cette conquête, une fois terminée, elle ne peut craindre les états trop faibles de l'empire ottoman d'Asie et de la Perse. Le seul obstacle est donc Constantinople.

L'Angleterre consolide sa suprématie dans la mer Rouge et sur la côte de Guinée, par la possession d'Axim, Hollandia et Elmina, et son objectif constant est d'appuyer l'empire ottoman contre les révoltes slaves soutenues par la Russie.

IV. Quant à la France, elle essaie de réparer les traités de 1754, de 1763, de 1815; en Asie, elle conserve les cinq comptoirs de l'Hindoustan et pose ses premiers comptoirs dans l'Indo-Chine, par la prise de Poulo-Condor et de Saïgon, en 1862, et en les affermissant, en 1867, par la soumission définitive des six provinces actuelles de la Basse-Cochinchine. Dans l'Afrique orientale, elle participe au percement de l'isthme de Suez et s'assure un passage dans la mer Rouge, par la prise de possession d'Obok (1862). Dans l'Afrique méridionale, l'île de Madagascar lui échappe. En 1826, Radama, chef des Howas, soutenu par l'Angleterre, se rend indépendant, et sa veuve, Ranavalo, fonde un royaume en 1828. — La France, dès lors, s'établit à Sainte-Marie et, en 1845, elle prend possession de Nossibé et de Mayotte. — Dans l'Afrique occidentale, nos possessions sont affermies par le protectorat de la vallée Casamance et par l'établissement de deux colonies nouvelles à Assinie et à Grand-Bassam. — Enfin, dans l'Afrique septentrionale, une guerre déclarée par le dey d'Alger, nous donne Alger, le 5 juillet 1830. La soumission d'Abd-el-Kaller nous assure les limites du Maroc et de la Tunisie, en 1847; enfin, en 1873, nos limites du sud sont reculées jusqu'à Ouargla.

CHAPITRE III

Colonies dans le Nouveau Continent

Les changements qui surviennent dans les empires coloniaux concernent la Russie, la Hollande, l'Angleterre et la France.

La Russie, maîtresse de la presqu'île d'Alaska ou Amérique russe, se décide à se défaire de ses possessions d'Amérique, qu'elle vend aux Etats-Unis en 1867.

La Hollande affermit son autorité dans la Malaisie, d'abord par l'acquisition de Bencoulen, en 1824, puis par deux expéditions dirigées contre le royaume d'Atchim. L'Angleterre répare la perte des Etats-Unis par la conquête définitive de l'Australie; sa première colonie de Port-Jackson s'étend, en 1836, dans l'Australie méridionale, dans l'Australie occidentale en 1850, dans la terre de Victoria et de Queensland, en 1860. Elle a pris possession, en même temps, en 1841, de Labcuan, de la Nouvelle-Zélande et des Fidji. La France s'est installée, en 1817, dans la Guyane, aux dépens du Portugal, et en Océanie ses comptoirs se fondent dans Taïti et les Marquises (1843), dans les Wallis et les Gambies (1844), dans la Nouvelle-Calédonie (1853), enfin dans Tuamotou (1860).

CHAPITRE IV

Voyages et Découvertes

Tous ces changements sont amenés ou facilités par les recherches des explorateurs que les progrès de la science poussent aux régions inconnues dans les quatre parties du monde.

L'Asie est parcourue, soit par les Russes, en Mongolie et dans le Turkestan, soit par les Anglais dans la Chine occidentale et l'Arabie, soit par les Français (le lieutenant Garnier, dans le nord de la Cochinchine).

L'Afrique, surtout devient l'objectif des voyageurs :

Liwingstone explore le désert de Kallahari (1849) et recherche les sources du Nil (1873). Burton et Speke arrivent au lac Victoria-Nyanza (1858), auquel Baker trouve, en 1864, une communication avec l'Albert-Nyanza ; Barth et Vogel parcourent le Soudan et le Niger ; le docteur Nachtigall traverse l'Afrique centrale en 1874 ; enfin la contrée nous est révélée par le voyage de Cameron, de Zanzibar à Loanda (1875).

L'Océanie, et surtout le continent australien sont parcourus par Eyre, Grégory, Burk, Wills, et Mac-Douall-Stuart.

Enfin, une communication directe entre l'Europe occidentale et la Chine est cherchée par le nord de l'Amérique : Parry, en 1827, John Ross, en 1829, Franklin, en 1845, ouvrent la route à Mac-Clure qui, en 1853, découvre au milieu des îles de l'Océan glacial le passage malheureusement trop difficile et appelé passage du Nord-Ouest.

De là les explorateurs dirigent leurs investigations du côté des deux pôles : les terres arctiques sont visitées par Kane et Hayes, jusqu'au parallèle 82, puis en 1876, par les Anglais Nares et Markham, jusqu'au 83e.

Quant aux terres antarctiques Enderby, Smith, les navires *Érebus* et *Terror*, de James Ross et Dumont d'Urville, les parcourent jusqu'au 78e.

Paris Imp. SERINGE FRÈRES, 2 Place du Caire.

www.ingramcontent.com/pod-product-compliance
Ingram Content Group UK Ltd.
Pitfield, Milton Keynes, MK11 3LW, UK
UKHW021100260726
13994UKWH00002B/606